我想傾聽你

懂得傾聽，學會不過度涉入，
讓我們用更自在的陪伴豐富彼此

洪仲清——著

自序

我們與孩子的邂逅

一位朋友跟我分享她的家庭故事，我也回報以另一個故事。

A媽媽這個人從小常被罵、被批評，所以她一心想著賺錢，想趕快離家，想有個成功的人生，讓罵她的人閉嘴。她沒錢沒背景，所以非常節省，錙銖必較。慢慢存下一筆錢，開始從投資小套房入手，想靠房地產賺大錢。

她教養孩子，是希望孩子知道社會的殘酷，所以罵得更兇、批評得更厲害。孩子怕她，所以她的處罰，不只處罰到孩子的不良行為，也處罰了親子關係，更處罰了孩子的自尊自信。

於是，出現了一種循環，孩子平常不太跟她說話，在心裡築起

一道牆。出大事了，她才會知道，然後更是又罵又批評，孩子更是什麼事都藏得緊。她總是擔心，孩子背地裡不知道又犯了什麼錯，她常捕風捉影，放大孩子的缺點，孩子的鬼鬼祟祟都像是不知道什麼時候會再出現一次危機？

B媽媽這個人從小常被罵、被批評，所以她選擇就讀教育。她沒當老師，但是她學到了一段話「教育無他，愛與榜樣而已」，這是她教養孩子的中心思想。

她跟孩子相處，是想要跟孩子一起享受人生的美好。美好不在金錢，在彼此真心相對待。所以她常看到孩子的好，鼓勵孩子，營造情境讓孩子累積成功經驗，跟孩子一起慶祝彼此的成長。

於是，出現了一種循環，她把孩子帶得有自信，不是只有孩子表現好的地方，能繼續保持與成長。遇到困難的事情，孩子也願意試試看，因為不管成功失敗，努力就會得到肯定，肯定讓孩子願意繼續。孩子越來越了解自己的能力，自信更堅定。

我請這位朋友做為參考，重新把自己的家庭故事再看一次，想想自己的父母與親人，想想自己的孩子，還有我們自己的人生。

我們跟孩子的相遇，是一種應當擔負的責任，還是一種創造與重生？

我想邀請這位朋友一起欣賞一首詩，那是席慕蓉的〈邂逅〉：

你把憂傷畫在眼角
我將流浪抹上額角
你用思念添幾縷白髮
我讓歲月雕刻我憔悴的手

然後在街角我們擦身而過
漠然地不再相識

啊
親愛的朋友
請別錯怪那韶光篡改人容顏
我們自己才是那個化裝師

《我想傾聽你》這本書，在談我們的孩子，也在談我們曾經扮演過的孩子的角色。讀著讀著，兩者之間的界線也許越來越模糊，但是祝福各位朋友，我們的內在因此越來越清楚。

Chapter 1

陪伴並傾聽你

Chapter 2

理解與諒解

Chapter 3

讓關係自在

Chapter 4

跟新的自己手牽手

CHAPTER

1

陪伴並傾聽你

我們之所以聽

當你聽一個人說話的時候，當時的情緒狀態很重要。

當你生氣的時候，你之所以聽，也許是為了想反擊。

當你感覺受傷的時候，你之所以聽，可能是想找到理由保護自己，卻又忍不住怪罪自己。

只有當你平靜的時候，比較有可能專注地，一心一意僅僅是想了解對方話中的涵義。

當對方感覺被我們全然理解，他的情緒就能因為被接納而漸漸地消融，有機會

跳脫自我中心。當我們專注傾聽到極致，也許能感覺到無我，或者我與對方，不再分別。

換個方式來說，我們的情緒，不完全是因為聽到對方說出口的話。而是我們並沒有覺察到我們已經累積了不少情緒，在我們心底，正等著某句話，來觸發，然後傾巢而出。

專心聽，把話聽清楚，本身就是一個幫助對方，管理自己情緒的動作。

回到讚美的本質

跟家長談讚美的時候，延伸出了相關的題外話。她知道讚美要具體、真實，可是，她的讚美，孩子常會否認，反而當時氣氛會有點怪怪的。

譬如，她讚美孩子長得很帥，孩子雖然當下看起來有點高興，但是之後卻會搖搖頭說：「我不帥！」後來問孩子，孩子說班上男生有被用「帥度」來排名，結果他根本沒被排到。然後，他要她媽不要再這樣稱讚他。

她說，她知道外貌好不好看是主觀的，可是，她就是覺得自己的兒子很帥，這對她來說是實話沒錯啊！為什麼結果是這樣？

我說，說不定對他來說，外人的評斷比較具有真實性，她因為是他媽，他也許覺得媽媽所說的不算數。而且，對青少年來說，這時候對外貌很敏感，他被她這樣說，說不定真的會有尷尬的感覺。

而且，一般讚美人的外貌，還會有一種可能的心理歷程。就是外貌並非全然個人努力得來，有很多部分是天生，而且外貌也會變化，變老是遲早的事，變老可能就不好看了。所以，被稱讚的人反而可能害怕，自己的內在或努力沒被看見，所以被稱讚外表也不會太高興。

她說，她也想試著稱讚她先生，還有其他的親人。可是，很多人的反應，要不然就是否認，要不然就是轉移話題。她想說，剛開始可能是不好意思，結果多稱讚幾次，雖然有時候對方會出現笑臉，但是她覺得，他們的反應跟她兒子也有點像，還是不太自在。

我說，在我們的文化中，有一種講法是不能驕傲、要謙虛，被稱讚常要說「不敢、不敢」。所以接受讚美，說不定會被認為是一種臭屁、不要臉的表現。而且，過度的讚美，通常會出現在社交情境，有時候是有其目的性，希望讚美可以獲得某些好處。

有些人，則真的是用稱讚來開玩笑，甚至挖苦人。如果被稱讚的時候，心裡想到這些，難免會有疙瘩。

一般變成比較熟悉的家人朋友了，就會自然而然「理所當然」了起來，他人正面的地方常被忽略，我們眼裡看到的，常是對方要改進的地方。然後，這慢慢地影響了關係，走向僵化而負面的互動。所以比較多的讚美出現在比較親近的關係裡面，會突然讓人很奇怪，雖然久了還是會習慣。

我們不如這樣說，讚美這件事，是在傳達我們對對方的正面感受，那要真的有感受才行，這樣比較真誠。

有些人會教，先稱讚，稱讚久了，感受就會自然而然出來，這只有部分的正確性。她就是最好的例子，她讚美的結果，家人朋友的反應好像不如她的預期，我猜沒多久，如果沒特別針對這一點來談，她的讚美自然就變少了。

我們對對方的正面感受，是要細心體會的，真的好好靜下來想，慢下來，讓「理所當然」跟我們隔一段距離。即使是對方先讓我們上廁所，這種看起來無關緊要的小事，那也包含著對方的善意。我們去想著這些含著善意的小事，了解要維持一個家，其實大家都有付出，或多或少而已。

讚美的重點，如果可以讓我們心中先看到別人對我們的好，這會讓我們感恩，會讓我們對關係有多一點的包容。我們先好了，透過關係，讓對方也好。

所以我曾經說，最好的讚美，最後是肯定彼此間的關係。

那麼，我們的讚美可以這麼說：「謝謝你讓我先上廁所，我剛剛真的有點不方便」、「謝謝你幫我開門，回家的時候，有家人在家裡的感覺真的很好」……

涉及我們自己的感受，而這樣的感受來自於對方的努力，這基本上除非我們故意說謊，要不然不太可能是假的。而且，這種事也沒什麼好說謊，對方也很能理解，他也不會覺得太奇怪，基本上也不太能反駁，因為那是我們的感受，不是他的。

所以，很多功夫是要回到自己身上。自己先有正向感受，才能自然地帶給對方正向的感受。這樣的讚美，就深入人心，而不會只停留在表面。

由衷讚美人，那會增加我們自己的信心與力量，並且願意肯定自己，溫暖彼此的關係。

不忍心孩子長大

親愛的朋友：

孩子又傷害自己了，妳辛苦了！妳說，妳看著孩子的傷痕，妳比她更心痛，又不敢表現出來，怕增加她的壓力。妳說，妳這一輩子從來沒這麼痛過。

台灣的教育制度，還是以成績為主，成績不好，又不會交朋友，沒培養特殊才藝的人，真的不太有生存空間。所以，孩子是學校裡永遠的弱勢，偶爾受不了了，大吼大叫地回應，彰顯一下自己的存在，卻把自己逼到更角落的地方。

我能理解，像她那種似乎永遠在陰霾遮蔽下的心，那種愁，像離開這個世界，才是最好的解脫一樣。制度我們改變不了，環境也不一定要對孩子友善，孩子自己，這麼長久的掙扎，也像是失去改變的勇氣了。

我是認識妳和爸爸，才知道，這世界上有這麼努力的父母。才知道，這些年，妳和爸爸，已經鍛鍊了異常強大的心靈，準備好來護衛這個唯一的女兒，只怕她自己先放棄了。

妳說，孩子在幼稚園的時候，已經有一些跡象了，常默默一個人玩，非常敏感。但是那個時候，還沒有一波接一波的考試，像是來評比一個人的價值；那個時候，同學都是天使，雖然不知道怎麼接近她，但也不會排斥她。妳說，妳真希望孩子的年紀停留在那個時候，不忍心孩子長大。

我聽了妳的描述，我也不忍。孩子不想跟我談，她覺得我沒辦法改變什麼，這我承認，短期內，在她還沒信任我之前，我改變不了什麼。

不過，光是聽妳和爸爸的描述，我真的感覺，現階段妳們給我的，比我給妳們的多。我很慚愧目前能幫妳們的不多，只能當妳們的啦啦隊，分享我對輔導的一些想法。

爸爸把下班時間，都投入了孩子的興趣，跟她混在一起，當她的朋友。讓她那些本來會胡思亂想的空檔，都盡可能地有了真心的陪伴。

我說，解決情緒問題有兩個方向，減少負面情緒，以及增加正面情緒。很多事無解，或者暫時找不到努力的方向，她從學校累積的壓力就是會大到她幾乎潰堤。但是，增加正面的情緒，讓她在家庭裡，過得充實有意義，這是妳們一直沒忘記的事。

「想讓孩子活得像個人！」這是妳的說法，我非常同意。

然後，妳學會感恩，感恩孩子給妳的考卷，讓妳也知道怎麼從根本，一題一題填寫考卷。妳說，感恩是妳面對困難的武器，這我非常認同。都這麼痛苦了，還沒辦法從裡面學到東西，就太虧了。

妳說，婆婆都怪妳，怪得理所當然。邏輯很簡單，妳是媽媽，孩子這樣，就是妳的錯，好像妳做什麼都不對，都可以被挑毛病。

我說，當家長的，也可以停止責怪自己，也可以放過自己，妳就哭了。妳說，妳都知道，但就是忍不住怪自己，最後怪到自己的基因，讓孩子生出來，受這樣的苦。

原來，當家長，不用對孩子的每件事承擔。妳說，這樣妳肩頭就輕鬆很多了。

人遇到困頓，不見得要悲情以對。也不必強作歡喜，好像正面思考就能克服一切。我們只是知道，起起落落，就是無常人生的常態，承擔自己能承擔的就好。心頭被壓得沉重，又能走到哪個預定的遠方呢？

我的講法，妳可能一下子不能接受，我希望妳慢慢想想，除了女兒之外，妳還有怎麼樣的人生？妳跟爸爸，有屬於妳們兩人的時間嗎？會不會妳的女兒，其實對妳們歉疚很久了，她也想妳們過得快樂？

女兒心裡的陰霾，不是家庭裡的陰霾，也可以不用佔據妳和爸爸心裡的全部。妳心裡真正有了陽光，家庭裡有了陽光，說不定正足以讓女兒知道，跟長長的人生來比，學校生活只是人生的一小部分，人生還有其他的盼望，陰霾總有散開的時候。

再次跟妳說聲辛苦了，這段等待日子好轉的過程，真是太難熬了。從整個家改變起，是妳無力改變女兒困境的情況下，還可以努力的方向。

我不值得我想要的愛

最近跟年輕人談心理學家對成人依附的概念，成人依附跟情愛與親子等兩種關係最相關，因為有較深刻的情感連結，也跟安全感與親密感密不可分。根據自我內在模式與他人內在模式，以及我個人的理解，大致可區分成四種依附狀態：

第一種，是安全型，認為自己值得被愛，感覺其他人也願意給予正面回應。所以會以比較有建設性的方式來處理負面情緒，能覺察並尋求社會支持。能在維持親密關係的同時，也盡可能地保有自主性。

第二種，是焦慮型，認為自己不值得被愛，但對他人有正面、積極的評價。此類型的人會一直注意與負面情緒相關的訊息，特徵是藉由他人的接納，然後才能自我接納。這樣的人渴求親密，又很害怕被拋棄。

第三種，是恐懼型，認為自己不值得被愛，也預期他人有負面的回應。此類型的人逃避與他人有親密關係，並且保護自己、拒絕與他人接觸。

第四種，是拒絕型，認為自己值得被愛，但對他人持負向態度。此類型的人保護自己、抗拒挫折，避免親密關係以免於失望，維持獨立以避免依賴。

所謂內在模式，跟我們從小跟重要他人的互動有關，透過嬰兒的天生氣質與重要他人的回應逐漸形塑而成。所以，親子關係對成年的情愛關係，有一定的影響力。

我把這四種模式，套用到我的工作中思考。

在當事人當中，有些人很接近恐懼型。也就是，覺得自己不值得被愛，也不覺得別人會愛他。

不過，尋求關愛是生物生存的本能，儘管接近恐懼型的人如何強調，自己對人際關係是如何不抱期待。只要能跟他們建立穩固

自我模式

他人模式	正向	負向
正向	安全型	焦慮型
負向	拒絕型	恐懼型

的信任關係，持續一段時間，還是可以發現，他們慢慢願意表達，自己渴望被愛與跟人建立關係的期待。

然後，可以看得到，他們願意開始學習，接受家人的關懷，與表達對家人的關懷。也就是說，當人進入一段穩定的關係裡面，對關係開始產生安全感，根深蒂固的恐懼可以被鬆動，本能開始發揮作用，學習新行為的動機會提高，於是產生改變。

當然，有些人的改變，剛開始非常微小難見，但是經年累月慢慢往前走，還是可以積累出一段路程。開始懂得娛樂同學，開始柔軟地表達對同學家庭處境的同情，開始體諒原本討厭的人的行為背後可能原因，開始從厭惡到喜歡，想對一位女生表白，更願意坦承自己的負面情緒……

我們跟孩子的互動中，就在慢慢讓孩子感受到，他值不值得被愛，以及我們會不會愛他。如果我們自己都得不到我們想要的愛，那麼，學著信任自己，給自己照顧與關愛，才有能力給孩子他該有的照顧與關愛。

我心裡不是這樣想

他很喜歡挖苦他的另一半，他是開玩笑的高手，嘲諷她小氣、小心眼、沒肚量……。聽他講話，雖然覺得不厚道，但不想笑都有點困難。

她有一次真的生氣了，快半個月不跟他說話。他就說，這不是小氣是什麼？

旁人對他說：「小心，玩笑話也會傷人，我們這些笑的人都是共犯！」

後來一陣子，聽說他的另一半跟其他男性走得很近。可是，他選擇的方向，竟然不是說好話，而是把話說得更絕、更毒辣！

真的去理解他，他才在很多話中間，夾了一句：「我心裡不是這樣想！」

因為氣對方，所以講反話。想逞強、不示弱，想照顧自己的尊嚴與面子，關係的本質於是漸漸薄弱。

像這種狀況，在親子之間也很多。不管是親代或子代，不是這樣想，卻講反話，就是想出一口氣。

有時候，這一口氣，落於文字，冷靜端詳，便覺得好笑、幼稚。可是，嘴快過腦，無腦的話，就一直冒出來，傷害彼此。

很多愛面子的人，愛講反話，愛對人生氣，愛對人苛刻，以保護自己的尊嚴。有一位朋友，還曾經義正嚴辭地告訴我，「因為我的臉皮很薄！」

自己的臉皮薄，就可以傷人嗎？

儘管邏輯不通，這樣的事還是一直做。然後，最後裡子沒了，照顧好面子有什麼用？

話要好好說，把自己的意思傳達清楚了，但沒獲得好的回應，至少可以告訴自己，我們盡力了。可是，講反話，都要別人猜，誤會與後悔，就會如影隨形。

有時候開玩笑、講反話，能增進情趣。但是在大家的情緒都已經被逼到接近極限的時候，這些話就容易出現傷害性。

講真話，被拒絕，真的沒那麼糟。越是要追求，越是要做事，就越容易被拒絕。但是，承受拒絕的能力，恐怕跟成功的機率有關，特別是人際關係上的成功。

我們心裡不是這樣想，就別這樣講。講自己的真心話，但注意禮貌，結果雖不好，心裡也踏實。

不聽話就是不孝順

他是小生意人，雖然是這樣說，可是，頂著祖傳第三代的招牌，不要說生意做不完，就算是從現在起開始不做生意，這一輩子也已經不愁吃穿。可是，他有個困擾，從他小時候一直沒停過。

他的媽媽，很在意他有沒有聽她的話。

他從懂事之後，就像一般的年輕人，不想要一個從起點就能看到終點的生活。他不想接家裡的小生意，想要在外闖蕩，就是從那個時候開始，他感受到他媽媽很大的壓力。

沒錯，這是一個很難被取代的金飯碗，接下這個飯碗，不但生活穩定豐裕，而且也繼承了家族的堅持。嚴格來說，他媽媽的壓力，是源自於對他的愛。因為，只要他願意接下家裡的小生意，就是選擇了一種生活的型態。他媽媽希望他少吃一點苦，生活平順就好，可是，他不是這麼想。

雖然，他最後還是接下了家裡的小生意，可是，他沒有一刻不後悔。從交女性朋友開始，媽媽的意見就很多，很明顯地，就是考量要嫁進來的女孩，能不能一起做小生意、聽不聽話、能不能住附近、願不願意生小孩……之類的問題。然後，求學、休閒方式，經營生意的走向，有大大小小的衝突。像是媽媽想維持傳統，他想創新、想開加盟變大老闆……。

不只他的私人生活，連工作中媽媽都能緊迫盯人。我能想像，他可能一點都不會覺得生活平順豐裕，是一種祝福。

媽媽情緒一來，就講出孩子不聽她的話，就是不孝順的論調。甚至跟親戚哭訴，自己老了、沒用了，孩子都不聽她的話。似乎，孩子聽她的話就開心，孩子不聽她的話就難過。把自己的價值，跟孩子聽不聽話，緊緊地綁在一起。也把自己的情緒重擔，全讓兒孫輩承擔。

當孩子小的時候，我就認識有不少家長，評價孩子的方式，就是他聽不聽話。縱使孩子有怎麼樣的優點，不聽話，在父母心中的地位就會馬上降低，甚至會有不少貶損的語言伴隨孩子長大。

可是，當孩子大了，甚至成家立業了，還是要求成年子女要聽話，在某些部份實在有執行上的困難。尤其像教養，時代不同了，現代父母要應付的是更複雜的環境。有些上一輩的教養方式，還是寵溺、打罵、威嚇、貶低、撤回愛……等輪流使用，求的就是孫子女輩要聽話。成年子女如果有意見，「我們以前還不是這樣帶小孩？」、「你還不是這樣長大的？」……等幾句話回應，成年子女也不知道該講什麼。

尤其，像上述家裡自己有做生意的家族，老父母跟成年子女的工作與生活分不開來的例子，我就遇過好幾個，大小企業、商店都有。這時，老父母要求聽話的壓力就更大，成年子女變得誠惶誠恐，很多事都要顧慮老父母的感受。講得直白一點，聽話的程度，甚至可能影響成年子女在公司的升遷與股份利益，這怎麼可能不注意？

聽話就是寶，不聽話就是草。我有時候只能嘆氣，老父母如果沒辦法放下這樣的觀念，那麼，大家都會過得很辛苦。少數這樣的老人家可以溝通，但大部分難度不低，如果要進行溝通，常以吵架結束。

我沒有答案，這種問題也不會輕易有答案。我只是更清楚地知道，當我的孩子，不一定要很聽話，才可以得到我的愛。我的孩子不聽話，我容易煩，管起來也累，但我會試著從他身上學習，他觀察世界的角度，以及尊重他對自己的認識與熱情。我會愛我的孩子，不管他聽不聽話。

還有，孩子長到一定的年紀之後，我們越來越沒有能力決定他聽不聽話了。如果不認清這個現實，那是苦了自己，也苦了孩子！年輕的時候，沒有學會調整自己的情緒，等到老了，通常更不容易改變，那成年子女就要承擔雙倍的情緒壓力。想對孩子好，就要先學會對自己好，讓自己老了變成寶。

只想找一個懂我的人

她跟我聊的時候，她很清楚她要什麼。她的狀況比較特別，不太能隨意對外人談家裡的事，或者某些心底話，只有她先生是比較適合的對象。可是，她先生真的聽不太懂她的話，不是聽不懂句子的意思，而是根本不知道她重視的事有什麼重要性，也不覺得有必要討論她的心情。

她說，我的背景比較不一樣，雖然是男生，可是跟家庭一起工作，又可以一併談親子，男性、女性的話題都可以談。她關心的議題，大致上我都有接觸。

「我只想找一個懂我的人！」這是她的說法。

她說，我不知道有沒有辦法想像，心裡長期悶著一堆話的感覺，真的不是普通難受。每次忍不住跟先生講，講一次就氣一次，所以現在除非跟他有關，要不然她不會再自討沒趣了。

簡單來講，她想找一個有共鳴的人、能回應的人。不是一定要說她對、說她重視的東西重要，而是不管是肯定她，或者不認同她，都要有一個道理，可以讓她學習，讓她看清楚事情。

也就是說，說的人要能暢快地說，還得要有另一個聽得懂的人才行。要不然，就變成自言自語了。

當事人越說越深，每說一次就是整理一次，越整理越明白。有時候她問我問題，我提供我的分析，有時候我提供一些案例，讓她了解在遇到某些困難的抉擇時，還有什麼可能性？

有時候，聊個幾次就能充飽電，當事人就覺得可以靠自己在生活中努力。我其實常建議找不到人談的朋友們去電張老師，立即、隱私，大致上也負擔得起，有人懂的感覺，好像真的可以賦予人力量。

遇到懂得聽的人，能力好的當事人，自己就會解脫，不需要多少點撥。然後心裡卸下了負擔，想通了道理，就可以繼續投入生活，不怕挑戰，不陷溺於愁苦之中。

「心無罣礙，無罣礙故，無有恐怖，遠離顛倒夢想……」

忍不住喜歡兩個人

年輕人告訴我，她心裡的一個疙瘩。那是她大學的時候，跟學長成了男女朋友，結果半年後學長依原定計畫到國外當交換學生，她卻忍不住跟另一位男同學開始進入曖昧階段。

她知道，這樣很不應該，可是她忍不住，她也喜歡另一位男同學。是後來，她坦承把自己的為難告訴人在國外的學長，學長中斷交換學生的計畫，回來陪她，她才跟那位男同學斷了聯絡。

可是，她從此停不了對自己的譴責。現在大家都出了社會，學長沒再提過這件事，但她其實看到他心裡就有愧疚，壓力很大。最近兩個人又有點小爭執，雖然不嚴重，她心裡有個聲音，想乾脆斷了這段關係，她不想在這段關係裡面當一輩子的罪人！

她之所以萬分自責，是因為爸爸也有過一段「疑似」的外遇，都沒有人掌握到確切證據，至今也真相不明。可是，她媽媽就是覺得她爸有外遇，會抱著小時候的她哭訴。那一段童年時光真是愁雲慘霧，所以她很討厭在情感上不忠誠的人，沒想到，自己長大之後竟然成了她自己討厭的那種人。

我請她跟我聊的時候，先把社會道德放在一邊，單純從心理層面去談。面對自己的時候，不先把自己搞清楚，就拿道德來評斷自己，那很難把自己看清。

我說，要放下一段有負面情緒的經驗，最好盡可能從中學到一些什麼。請問，她在這整件事裡，學到了什麼？

她說，原來她會一次喜歡兩個人，而且有時候對兩個人的情緒都很強烈。她反問我，這正常嗎？

我舉例，有一個人，喜歡追韓劇，結果看一部就喜歡一個歐巴，掐指數一數，前後喜歡過好幾個歐巴。同一時間，可以喜歡兩個歐巴，一直注意他們兩個人的新聞，還會夢到他們，這正常嗎？

她說，這好像沒什麼不對。

我說，現在只是從戲劇搬到現實層面來談。一次喜歡兩個人，這兩個人典型可能都不一樣，講話的風格也不同。喜歡林志玲，跟喜歡蔡依林，並不會相互排斥。但重點是，發乎情，止乎禮，現在的困擾在於我們擋不住自己的情緒。

我問她，她會不會怕，將來還會發生同樣的事？

她說，其實她想過，她覺得還是有可能。她是很需要被照顧與被呵護的人，她很需要感覺被愛。可是，她矛盾的地方是，她如果知道學長劈腿，她一定毫不遲疑就會跟他分手，她沒那麼大的肚量，這是讓她痛苦的另一個部分。

我說，這是另一個我們需要面對的事。也就是，儘管大部分的人都會在口頭上否認，事實上，在關係中有雙重標準的現象是很普遍的——也就是，我犯錯沒關係，你犯錯不可以。尤其在權力不對等的關係時，更是明顯。像在親子關係裡面，就常出現類似大人犯錯可以有種種原因被原諒，但小孩犯錯沒有理由，該被處罰，回嘴還可能被罰得更重。

我陸陸續續跟她談到很多，平常她沒辦法跟人談到的議題。透過這些討論，我們能更認識自己，學到關於人、關於關係的一些知識。

黛比・福特提到：「『陰影』也是生命的一部分，只有真心擁抱它，我們的生命才算完整。」

其實，只要我們面對陽光，背後就會有陰影。差別在於，有些人不想接受陰影的存在，不聽不看。有些人，則願意轉身把陰影看得清晰，那陰影就會像是變得更光亮一樣，沒那麼可怕，被我們所接納，真正成為自己的一部分。

一個連自己都不接納的人，要別人怎麼接納？

你的生氣在家嗎

年輕人滿腔怒氣，家長很是擔心，我倒是反其道而行。先去肯定他的怒氣，說他的怒氣有力量，對他有幫助，以後還可能要好好感謝他的怒氣。

我幫他把怒氣安頓好，他就空出一段心裡的空間，來聽我講道理了。

我說，我平常心靜、少生氣，經過同事的提醒，有些該爭的、該講的事，還是要爭、要講。我想想也對，我沒生氣，就沒動機，所以有些該做的事就沒做，是該去做才行，也許要請生氣出來幫我點忙。

情緒常有它們的力量，像生氣的力量就是其中之一。有些人被言語一激，生出力量了，能衝破難關，或有好的表現。

然而，我們常生氣我們的生氣，難過我們的難過，害怕我們的害怕，所以它們想回家，我們便可能快速把心門關上，不讓它們入門，想甩掉它們。失去它們，便失去了力量，連帶著高興、快樂……等的正向情緒，也很可能失去了它們的意義。

我邊講邊想，不對，我近來講到某個話題還是常生氣。只是，它平常少來干擾我。因為我有跟我的生氣談過，我跟它說，這些讓我生氣的事，注意看清楚就好，保持我的頭腦清醒很重要，我現在就算生氣，也沒辦法做什麼。

我請我的生氣在心裡好好待著，要出來的時候，跟我說一聲就好。有些場合，生氣並不適合出來，但只要它有意願，我會試著找機會讓它出來跑一跑，想辦法讓它心滿意足再回家。

我一個人看書、聽音樂的時候，常是它們出來放風的時間。它們讓我充滿活力，也讓我的生活豐富許多。我很感謝它們，它們幫我很多，像是幫我思考生涯的選擇、人生的走向。我在交岔路口迷惑時，它們常提供我重要的意見，它們這樣陪著我，是我的好朋友。

它們出來活動，就會想要回家休息。所以它們能帶給我平靜，兩者不完全衝突。它們在家，有事我會邀請它們一起商量。它們如果不在家，我反而苦惱，不知道要去哪裡找？

您的生氣現在在哪裡？如果它一直在外溜達，找不到家，帶給您一些困擾。您可以試著對它敞開心門，別把它排拒在外。讓生氣有去處，也會對我們有好處。

移動腳步，才能改變視野

遇到的家庭狀況多，就會更從人性的層次去看，而不是局限在性別。很多女性在操持家事上，會有來自另一半的壓力。我也遇過本身不太做家事的太太，卻嫌棄先生做家事的品質。

動口，容易一點；動手，就困難得多。做家事常被想得很簡單，如果嫌棄另一半做家事不夠仔細、周全，我的良心建議，就是角色互換，自己花一天時間動手做，從頭到尾好好體驗。

自己動手做，才會知道難處何在，才會讓自己更能接納與體認，對自己的情緒穩定會有幫助。如果不斷抱怨，我們常只看到負面，移動腳步，我們才能改變視野。

站在我們自己的角度，常看得不周全。同理對方，才能把這個世界看得更清楚一點。

你做的很好啦，但是……

有一種人，喜歡故作神秘。話常常講一半就停，好像藏了非常重要的事沒說，好像得要求他，他才肯勉強透露。態度就像是，「是你自己要我說的喔，生氣可別怪我！」

好好稱讚一個人，好像不太甘願似的，不願在讚美結束後立刻畫下句點。最後他終於把批評說出來了，其實，看起來就像是打從心底認定，那些沒講出來的才最重要，前面的話都只是場面話。

這種講話的方式，真是容易讓人惱怒。可是，是我們自己要求他講的，發怒好像又很沒風度。他是批評了我們，我們卻好像不能那麼自然地回嘴。

更氣人的狀況是，吞吞吐吐一陣子之後，他的表情好像下了很重要的決定，最後還是不把後半句講出來。好像是藉著這個姿態來折磨我們，好像他的話、他的觀點，嚴重到足以打擊到我們的自信，我們聽了會崩潰一樣。

自我概念不夠堅定的人，會為了那些沒講出口的話而患得患失，像一顆大石頭始終無法落地。然而自我概念堅定的人，則一笑置之，他願意講出來也好，不願講出來也沒關係，他講場面話，我們也用場面話回應，一來一往，不染塵埃。

他怎麼想，對我們很重要嗎？我們能確定，他真的花了時間了解我們在做的事，了解我們這個人，想給我們一個對我們真的有好處的批評或建議嗎？

通常，如果真心為我們好的人，很少用這種吞吞吐吐的方式講話。那麼，既然他不是真心為我們好，他講與不講，有那麼重要嗎？

莫名其妙一位路人甲講的話，就可以影響我們嗎？他講氣話，我們也照單全收嗎？會不會連他沒話找話，我們也毫不懷疑他在表達他的真意？如果答案都是肯定的，那我們得回頭想想，是不是我們沒把自己建設好，對自己的認識不夠？

每個人的話都要聽，哪裡聽得完？聽適量還可以自省，聽過量就容易左右為難，反而讓我們的腳步猶豫不前！

因為人一多，意見就容易互相矛盾。有些人只懂得說，卻做得一場糊塗。講得很有道理，做起來則是寸步難行。

或許，是我們不敢信任自己，所以任由自己的心被他人擺佈。

或許，我們覺得自己的看法不重要，或者判斷力有問題。那我們得要好好找人討論，到底為什麼我們要把自己貶得這麼低？是我們低估了我們的判斷力，還是真是如此，我們得重新學習看待事物的方式？

聽懂他人的話很重要，但前提是要先搞清楚自己的情緒到底跟自己說了什麼？很多時候，我們之所以願意犯錯，之所以甘願承受批評，是因為我們所要的東西，對我們個人具有獨特的意義。那麼，他人意見很多，是很自然的事，因為有些事對不同的人有不同的重要性。

一個人對自己的認識越足夠，其實，反而可能更是聽得懂他人在說什麼，也越能判斷，對方意見的重要性，以及自己該往哪個方向前進。

相反地，一個人對自己的認識不夠，便會像大海中的小船。隨著風浪飄搖，被拋上、又跌下，每一次擺動，都讓我們失去了立足之地。

用語言限縮孩子的挫折感

孩子愛嚐鮮，什麼都想試。我相當鼓勵他這種態度，所以也盡可能陪伴，但又隨時注意，不讓挫折太大，一下子超標。

不過，要跨出舒適圈，都難免會有挫折。孩子有時會含著淚說：「我不行」，或者「我不會」。

我如果記得，會改變一下用字的方式，順便同理回應。「喔！你『現在』不行」，或者「你『現在』不會」。也許再補一個句子，「沒關係，等我們準備好了再一起試試看，不用一定要『今天』會！」

很多事，我們「現在」做不到，並不代表我們「永遠」做不到，這是事實。誰也不清楚未來，我們只能確定過去或現在。所以，這不是阿Q，或者傳遞過度的樂觀主義。我的話語中，儘管只加了幾個字，但卻透露著「以後努力試試看，說不定結果會不同」的涵義。

類似的句子，像是：

「我做不到」，可以回應「你『還沒』做到」；
「我失敗了」，可以回應「你『目前還沒成功』」；
「我考不好」，可以回應「你『這次』考不好」……

也就是，當我們受到挫折的時候，習慣過度貶抑自己。不論是成人或孩子，這就是人性。過度貶抑，常把現在或一次性的挫折，推論得更為長久或頻繁，反而減損我們前進的動力。

所以有時候我也會這樣同理情緒：

「你『現在』很難過，所以你覺得你以後都做不到，是這樣子嗎？」

讓孩子知道，情緒常會誤導我們。一時失志，我們當下會把自己想得比實際狀況還糟。不合理的思考，容易讓我們感到更多挫折，而常處在挫折的狀態，容易強化我們不合理的思考，反覆循環。

所以，教養要回到父母身上談，這是我常強調的事。我們大人的話語其實隱含著很多背後的價值觀與信念，孩子無意中會慢慢內化，變成他的行事準則。

每次我因為孩子的表現而驚奇，脫口而出「為什麼你這麼聰明？」的時候，我就會自己警惕。因為聰明只是結果，願意持續努力的堅毅過程更值得肯定。我寧可開心地說「為什麼你這麼認真學？」

所以看到孩子努力，我就高興，如果我記得，就給予鼓勵。那是我打從心底欣賞孩子努力的樣子，所以我的情緒會透露我的心，我就算沒特別說什麼，我掛在臉上的笑容，孩子就會知道，他為自己努力能讓我高興。

孩子這次努力，結果不好，也沒關係。孩子「一直」（其實是「多次」）努力，但結果還是不好，沒關係，也許這方面孩子實在不行，但他還有其他的生活要過，努力不用停（這一段，我想特別提醒一直為孩子的成績煩惱的父母）。

只要孩子願意繼續努力，我實在不用太擔心，他找不到在社會立足的方法。現在或許不行，未來還有希望。

我重視語言的力量，它能限縮孩子的挫折感，讓挫折感不至於一下子把孩子打倒。正確的語言，能讓孩子感覺希望，傳遞一種貼近事實的樂觀。然後，請別只對孩子說，也要對自己說更合理的話。

我有那麼笨嗎

「我爸說我說謊，我說我沒有，我爸就說，『明明就有，還不承認！』，就扁我。」年輕人憤慨地說：「我還是說我沒有，他又扁我，我只好說『是我說謊，對不起』，我不這樣說，等一下又會被扁。」

「結果他說，『你早一點承認就好了！』，×！是哪招啊？」年輕人掩面趴在桌上。年輕人的「×！」，同時無力又有力，讓我不禁搖頭。屈打成招這情節，不是古代貪官奸臣對忠義之士，而是現代爸爸對自己的孩子。

我試著站在爸爸的角度看這件事，爸爸的脾氣一來，就希望孩子按照爸爸自己的期待認錯。孩子辯駁，更引起了爸爸的火氣，火氣一冒，理性討論的空間就少了，便出手教訓。所以答案只剩兩個，一個是「說謊」的罪名，一個就是現成的挨揍。

親子之間，面對「說謊」這件事，常演出類似的情節。只是，出手可能比較輕，或者換成大聲威嚇，也許是罰站、剝奪權利，就是要讓孩子了解，說謊之路不可行。

然而，我們認定的說謊，跟孩子認定的說謊，常有認知上的差異。就以這位年輕人的事為例，爸爸和他的認知差異明顯，就算是成人如我，我也不覺得年輕人說謊。以旁觀者的角度來說，只是覺得爸爸對於年輕人的行為生氣，「說謊」這兩字指控，太過沉重。

「我對，你錯！」、「少來，你才錯！」

當情緒來了，想法就容易落於絕對。太過絕對的二分，很難容許中間的灰色地帶，然而，這世上大部分的事常常就處在灰色地帶。比較理性的看法，是每個人各有幾分道理，然後，用這幾分道理來論輸贏，不如常用理解與信賴，更容易解決問題。

我跟孩子們上課的時候，往往會提到，當我們發現自己情緒來了，最好是先處理我們自己的情緒，冷靜才好辦事。盛怒下講話，常引來更多憤怒，或者直接把對方的嘴堵住，皆不易成事。

「我有那麼笨嗎？」

我還記得年輕人無奈地這樣說，如果他不承認自己說謊，就會繼續被打。很諷刺地，他心中的「承認」，對他自己而言，正是說謊。從某個角度看，爸爸憤怒的結果，就是逼自己的孩子說謊。

有經驗的老師、父母就知道，爸爸如此的處理方式，正可能讓孩子慢慢學會以謊圓謊。國小以上的孩子，心智理論能力夠了，就會開始「避重就輕」、「報喜不報憂」，青春期的孩子，更是善於此道。

面對孩子說謊，先多方收集訊息，讓模糊空間變少。如果只能聽孩子說，那就盡可能讓孩子暢所欲言，別太快評論。讓孩子練習為自己抗辯，或者好好整理對自己有利的觀點，這是在社會生存的重要能力。從另外一方面來說，孩子覺得自己該講的話，都能表達出來，比較不會覺得委屈，情緒會比較穩定。

說實在話，良好的傾聽能讓一個人說得越多，情緒越穩定，越容易卸下心防，更貼近真相。專心聽孩子說話，也更能找出其中不一致的地方，或者父母需要協助解決的問題。

有時候，我們得幫孩子想，是什麼原因讓他要用說謊來處理？是親子之間的信賴產生問題？或者有什麼難言之隱？如果說真話對一個人沒壞處，他為什麼要說謊？

在霸凌輔導時，孩子有時對家長隱瞞，是不希望家長憂心，或是誤以為自己有能力處理。或者，是不相信父母，也許父母曾經出手處理，但越處理越糟。

然後，我們也得自我反省，自己是不是也常說善意的謊言？跟孩子講一套，自己社交的時候又說一套？或是，常說話不算話？也許，大人自己常用欺騙與否認，來面對人際衝突？

有時候我們要想，用說謊做為解決問題的方式電視上的大人可能也常使用，運用得巧妙，甚至可能被稱為說話的藝術。但是，有時這樣的方法被揭穿之後，會引來更嚴重的撻伐。除了說謊，我們是否教育了孩子有更好的解決方法？

此外，一個人說謊，有時候是因為不敢面對別人，有時候是不敢面對自己。那麼，如何面對自己的失望、挫折，這對身為父母的我們，更是責無旁貸的教育工作。

把說謊這個議題如此拓展，就不只是「要求孩子說實話，不說就處罰」，這麼簡單的邏輯了。這牽涉到深度的對話與陪伴，像是傾聽、同理、澄清、自我揭露、討論……父母越懂得面對自己，才越有能力面對孩子。

到底是爲誰好

我在路邊，聽到一個大人對小朋友說：「大人會打你、罵你，都是為你好！」

我沒多做停留，倒是腦海一直浮現當時的畫面。他們的關係我不確定，可能是親子，也可能是師生。

「為你好」，是一種很便宜行事的說法。打開社會新聞的版面，我們就會很清楚知道，大人打罵小朋友，不見得是為他們好，有時候是大人自己要發洩情緒，少數時候甚至為了複雜的人事糾葛，讓小朋友斷送性命。

在我的工作領域裡面，小朋友的發展程度不到，但是大人急，就催趕打罵的例子，也不少見。事實上，能力不到，催趕打罵的效果有限，只是大人在表達自己的挫折罷了。

又譬如說，大人打了小朋友，又不准小朋友哭，威脅小朋友如果再哭，還要再打。像這種違反人性的作法，主要還是為了大人自己的情緒。

我常想，小朋友因為大人自己的問題而被打罵，被打罵之後，大人還要把責任歸到小朋友身上，說是為了他好。事實上，這樣做可能對大家都不好，但大人還是要硬拗。對幼小的心靈來說，真不是普通的錯亂。

如果小朋友跟我談，誰打他、誰罵他，我會先同理小朋友的感受。然後，問小朋友該怎麼因應？

很遺憾地，在某些狀況下，我會告訴小朋友，因為他面對的大人很容易生氣，也不聽解釋。所以，就算小朋友覺得自己對，也盡量別回嘴，以免被打罵得更兇。想找人講，就來找我。

可是，如果小朋友沒人可以講呢？也沒遇到立場客觀的大人，教導他如何應對無理的大人呢？

我想，我今晚睡前可能要花更多時間，試著把心靜下來了……

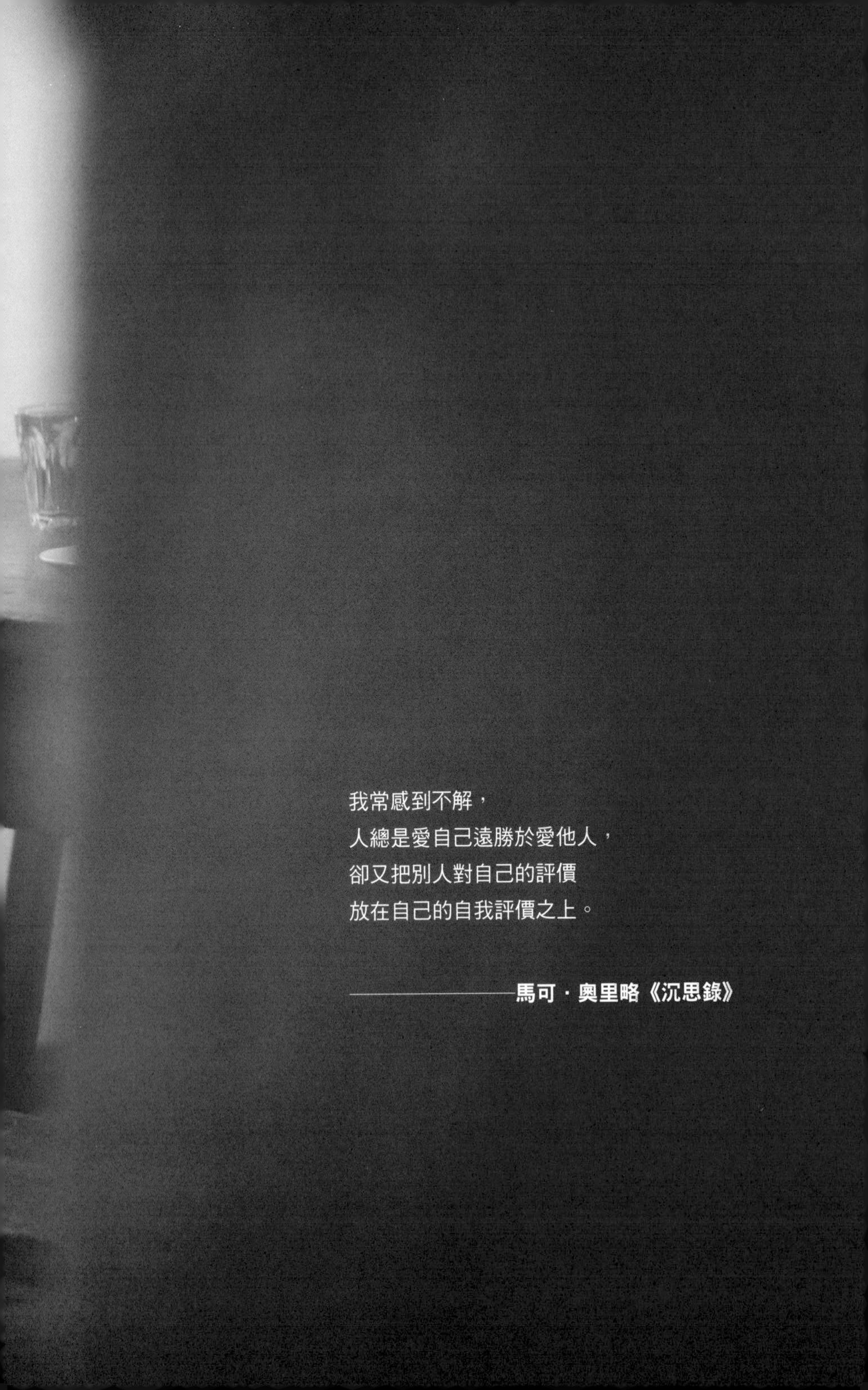

我常感到不解，
人總是愛自己遠勝於愛他人，
卻又把別人對自己的評價
放在自己的自我評價之上。

——————**馬可・奧里略《沉思錄》**

負面標籤與負面眼光

「她就是沒有女生該有的樣子，很邋遢，房間亂得像什麼一樣，每次講話就像小屁孩，很幼稚，我聽到就擔心她將來找不找得到工作⋯⋯」

她是老朋友了，常是隔幾個月才見一次面。這次她跟女兒一起來，主要是她女兒跟好朋友鬧翻了，心情不太好。

小女孩們有時候很喜歡搞小圈圈，常在玩今天跟妳好，明天不跟妳好的遊戲。她女兒抓不準遊戲規則，有時候一急，講話就重了，就被排擠了。

別說她女兒抓不準，我年紀一大把了，我也不覺得我懂得玩這種遊戲。就像她女兒的說法，實在很累，不玩也不行，身不由己。

可能因為是幾個月才見一次面，我很快感覺她女兒又成熟了，更好看了，更懂得為自己著想了。我一直忍不住想稱讚她女兒，稱讚到我都怕她們兩個人覺得我在社交客套。

所以我很慎重地講，然後對照以前跟現在的狀況，讓她們清楚知道女兒進步在什麼地方。然後，我跟她分析，可能是我平常沒跟她女兒累積負面情緒，所以這些負面情緒並不會干擾我看到她女兒正面的地方。

簡單來說，我會很快抓到她女兒的正面變化，第一點是對我來說，培養欣賞自己與他人正面的眼光，這很重要。第二點是，平常累積的負面情緒太多，會遮蔽我們看到對方正面的部分，我剛好沒這個負擔。

然後，第三點，是關於貼標籤這件事。

本性難移，講的是一個人的個性很難改。然而，個性難改，行為相對容易調整。弔詭的是，我們判斷一個人的個性，常是透過觀察一個人的行為。

所以，換句話說，剛開始我們從一個人的行為，推斷一個人的個性。只要我們對一個人的個性有了既定印象，他的行為再怎麼變化，除非變化的幅度很大，要不然我們不會修正我們對這個人的認識。

可是，一個人如果開始嘗試正向改變，通常是先在行為上有微幅的調整。這個微幅調整如果我們不去注意它，不去保留住它，很容易被忽略，以至於消失，又回到原樣。

所以，有時候可以說對方沒花足夠的力氣去改變，也可以說這件事我們也有分。因為我們也用慣性互動，讓對方的慣性劇本也啟動，於是正向改變消失無蹤。

我們常用幾個簡單的形容詞，幫自己或幫另一個人貼標籤，這樣方便彼此了解與溝通。可是，標籤也常遮住我們的視野，讓我們的目光狹窄。

評斷一個人，替他下標籤，這個動作便影響了我們從此看一個人的眼光。然後，我們平常沒成長，或心力不足的時候，便過於相信貼在自己身上，或者貼在他人身上的標籤。

我們更要注意的是，通常我們言談中給人的標籤，常偏向負面。負面標籤與負面眼光，互為因果。

我很注意觀察一個人的行為，這是我一直以來的習慣，我沒那麼快貼標籤，甚至不刻意貼標籤，特別是在沒有需要的時候。看進來了、聽進來了，也就夠了，真的有需要我回應，我自然會使用我腦中有的記憶，不需要常評斷與投入自己的好惡，然後給予一個標籤。

我提醒她女兒要保持或擴大自己正面的變化，接納了她女兒的怒氣，也提醒她女兒要進行一些基本的情緒管理。然後我把注意力轉到這位朋友身上，因為她可是對她女兒影響最大的人。

我問：「妳有沒有在運動啊?!我剛才教妳女兒的方法，妳一樣可以用，一樣是提醒她、教她，妳有沒有帶情緒，通常會影響妳女兒用什麼情緒回應！」

她說：「沒有，我是一個不愛運動的人……」

她又給了自己一個標籤，這標籤一貼，好像自己的行為從此被設定。一個不愛運動的人，也可以偶爾在行為上動一動；愛運動的人，也可以偶爾靜下來看書、寫日記。

個性與行為，在觀念上如果不一下子就劃上等號，可以給自己與對方多一點自由。

我的努力會不會白費了

她跟我說，其實那位學妹要身材沒身材，要臉蛋沒臉蛋，但就是讓人喜歡。她說的是實話，只是用詞不夠客氣，這位學妹我們都認識，她講到學妹婚後不知道怎麼了，就順帶聊到學妹年輕時候的樣子。

她說，學妹就是充滿熱情，講起話來常笑嘻嘻的，該哭的時候也大哭，哭完繼續用力過生活。這樣的人很真，相處起來輕鬆，她不知道我跟這位學妹不是普通的熟，我沒說破，也沒多說，她則毫不客氣像是講學妹的八卦一樣，不過，她大致沒說錯。

喜歡她的人很多，討厭她的人也有幾個。討厭她的人，覺得她好大喜功，做事不加顧慮，熱情有餘，但是也惹了不少麻煩。

不過，她的衝勁真的讓人佩服，她想清楚了就會去做，也不管背後有沒有足夠的資源。這種個性，讓她跌了幾次大跤，摔得讓我們這些好朋友心疼，但也讓這位學妹剛出社會沒多久，就有當時一般社會新鮮人兩倍以上的月薪。

只是，她並不是一開始就想著錢，她只想著要聽從內在的聲音，做自己想做的事。熱情帶來的力量，超乎想像，她不怕挑戰，一路闖關，儘管工作的內容不是她的大學本科，她也努力為了工作中的困境找答案，找我幫了幾次忙。

學妹熱愛大自然，喜歡運動與旅遊，我在我的大腦中搜尋，很少看見這麼陽光的人。最近看她的照片，我們年紀相差不多，但看起來就像是比我年輕了十歲。

我想到一位年輕人，能力不差，但是瞻前顧後，他心裡面常出現的一句話，就是「如果看不到結果，那不就是白做了?!」據說，這句話是他爸的口頭禪。

有時候，我們做事會先設立一個短程的目標，用適當的方法，希望能達到我們自己的設定。然而，在過程中能享受當下跟達成目標，恐怕同等重要。某些活動本身就可能是一種鼓勵，像是「樂在工作」這樣的說法。

然而，面對中程、長程的目標，我們心裡要有足夠的彈性，可以抓個大概的方向，但不需要執著。時間一拉長，從起點看不到終點，很多曲曲折折，往前走的時候，常常要改變方向，有時甚至像要往回走一樣。又怎麼能清楚地算計，每一分力都不浪費呢？

努力了，如果看不到結果，那也不見得是白做。努力本身就可以是某種結果，某種累積。

年輕人的爸爸會教訓他：「如果結果不好，就是不努力。如果真的努力了，就會出現好結果。」

所以，年輕人的爸爸會用結果，來否定年輕人過程中的努力。那麼，對年輕人來說，努力了，結果也可能不好，不夠努力，也可能僥倖有好結果，那要這麼努力幹嘛?!

爸爸的教育，產生了反效果，至少對這位年輕人來說，邊做邊怕，怕自己的努力是浪費，沒辦法全心投入。更是擔心，萬一將來有種種變數出現，導致結果不好，爸爸又否定了他，該怎麼辦？

還沒努力，就擔心結果，那事情還要不要做？所以，沒有結果的努力，就不需要肯定嗎？

努力本身，讓人心安踏實，讓人學習與成長。結果不是不重要，而是有沒有那個熱情、願不願意在過程中投入，無愧於當下，這重要得多。對情緒、對人生意義來說，尤其如此。

偶爾碰到像年輕人父母這樣的教育哲學，我就會想起這位活得精采熱血的學妹。我在想，這位學妹的父母如果也是用這種結果論的教育方式，這位學妹還能這麼有熱情，那真是不容易。

祝福各位朋友，能熱情投入生活，這比起以後的結果如何，說不定更立即實在！

粉碎孩子夢想的家長

我不只看過一次父母嘲笑孩子的夢想，對孩子發脾氣，只為了他們覺得孩子無法達到他們不切實際的目的。說實話，我們大人常無形中剝奪孩子作夢的權利。如果孩子有辦法靠自己的力量，完成夢想，不影響他人，也不犯法，我覺得該給孩子空間。

我曾經親眼目睹，孩子談到他想要到考某間離家較遠的好學校，家長花了許多時間說教，不斷打擊孩子，說他根本考不上、說他不自量力、說他還不如乖乖去念家長希望他念的學校……孩子乖乖聽訓，不認同家長的時候，只是微微一笑，不想反駁，家長竟然一巴掌往孩子的臉上打下去，說：「你笑什麼？」然後繼續訓話。

更諷刺的是，孩子的沉默革命成功，真的考上了更好的學校。家長竟然對孩子說：「那只是運氣好！」一面對外人、面對配偶，甚至面對孩子的時候，家長還常常沾沾自喜，大言不慚地認為自己很會教小孩，好像完全忘了他的鐵沙掌。

當家長自己沒有建設好，不但自己受害，還會一直傷害身邊所愛的人。這是我最近跟一位想要經營兩岸親子網路平台的朋友所談到的概念。為人父母，這麼困難且艱鉅的任務，其實需要先有心理建設，說是職前訓練也不為過。

孩子出生後，確定自己要當父母了，那就趁孩子還小，遇到的問題不多，就要先反思原生家庭的種種。如此，才能有知有覺地執行自己想要的教養，而非不知不覺地複製或重演過去曾有過的不愉快。

完美主義，特別是用在教養上，是我常面對到的家長的困境之一。完美主義傾向強烈的家長，不但容易發脾氣，也容易影響睡眠與健康。

讓孩子跌倒，從中能培養勇氣與信心。用溫柔的霸道，禁錮著孩子，那麼，孩子受了傷，只想找媽媽。媽媽會老，孩子的依靠，終究會倒。

愛過了界

這世界上有三種事，上天的事、別人的事、我的事。仔細審視，這世界上大部分的事，其實不干我的事。

說實在，能管好自己的事，就非常了不起了。管好自己的事，又能在尊重他人意願的情況下，幫助他人，是我心中理想的助人者典型——這樣才有辦法長長久久地助人。不過，理想的助人者，相當少見。

不少人管不好自己的事，所以想要管別人的事，這就可能是「多管閒事」。自己生活中沒辦法滿足的，要靠別人來彌補，這不是完全不可以，但最好是在互惠且尊重的情況下，才得以和諧共生。

很多令人備感壓力的「以愛之名」，就是在不尊重對方的情況下，要插手、干涉別人的事。如果在干涉別人的同時，又管不好自己的事，那實在沒說服力。真的把自己的事管好，也不會那麼積極地要藉由不尊重地干涉別人，來滿足自己。

對我來說，一個人不是只有這副皮囊好好地存在在這個世界上，就算把自己管好了。而是懂得照顧自己的情緒，能實現自我，或者找到生命的意義，藉由每日的生活去實踐，才算是管好了自己的事。

如果連自己的情緒都管不好，也找不到自己活著的意義，在大致的狀況下，這個人就會希望透過別人來替代性地完成，自己無法或不想自己完成的事。越控制不住自己的人，越會想著控制別人。一直要別人改變，但自己卻可以維持原本模樣，不須費力調整。

我認識一位媽媽，不但嚴格控管自己孩子的生活與學業，實施傳統的打罵教育。還會到處宣揚這樣的論點，建議別人找回傳統價值，用嚴管勤教的教養風格，讓孩子聽話、認真向學。我的另一位朋友，就很怕跟這位媽媽講話，因為這位媽媽會不斷給建議，並且把自己孩子的沒自信視為一種乖巧，把朋友孩子的自主性講成不受教。

我聽說某位主管，因為對自己的婚姻狀態不滿，特別喜歡跟下屬談感情問題。只要下屬的婚姻或感情出了狀況，被這位主管知道了，她就會想要積極「輔導」，希望對方不要走上跟她一樣的路。不過，下屬想拒絕主管的「關心」，又怕影響了工作關係，實在苦惱。

把關注的焦點一直放在別人身上，真的不容易管好自己的事，也很可能沒有活在當下。最能過好當事人生活的人，就是他本人，其他人只能從旁協助，因為通常當事人本人要承受選擇的結果，即使當事人的選擇是交給其他人選擇，也一樣逃不了該負的責任。

最近一個朋友講到，以前自己把孩子的歡笑淚水都當成自己的。結果現在孩子一到青春期了，開始用比較激烈的方式爭取獨立，一下子才發現，好像自己空了一樣，沒有屬於自己的生活，頓時在情緒上難以承受。

更不要說，有些人管到屬於上天的事去了。尤其是關於未來的事，常無法操之在己，有很多機緣巧合，規劃自己會有點幫助，但成事在天，也不是每個變數都掌握得住。於是，惶惶終日，杞人憂天，心不靜，當下的事也做不好。

能管好自己的人，跟別人互動起來，對方不但不會感覺很大的壓力，還能藉著互動不斷增能與學習。因為人若是把自己的事管好了，就能感覺到輕鬆自在，心有餘而力量足，偶爾在能力範圍內，還能提攜別人一把。

懂得助人的人，是能做到「我傾聽你，但不帶走你的問題」。所以運心自在，真的要談「愛」人，才能用當事人需要的方式愛他，如其所是地愛他，而不牽扯太多不相干的情感，不會失了自己的分寸，忘了自己的本分。

與其只想著為對方好，不如想著「我好，你也好」。自己站穩腳步了，才有能力拉人一把，不至於踉蹌跌倒，又造成了別人的負擔。

接情緒的人很倒楣耶

朋友說，她很願意聽孩子的心情，但是最後卻變成孩子常對她出氣，講一些不禮貌的話。可是她先生根本連聽都不會想聽，所以他不需要承受這些。最後的結論似乎是，會不會一開始就不要太在意孩子的心情，反而比較不會被孩子傷到？

長期作為一個傾聽者，我很能體會在這種處境裡的兩難。當一個情緒垃圾桶，難免被丟過來的情緒傷到、刺到，因為我們很難預知我們將承接的是什麼。

「接情緒的人很倒楣耶！」這是我從另外一個朋友那裡聽到的話。

有些孩子，在學校看起來乖乖的。可是，回到家已經憋著一大股氣，等著要爆發。即使是很有經驗的家長，有時還是會感到困擾，接應不暇。

像有這種狀況的孩子，我會建議家長好好地把時間空下來，聽孩子說話。如果一邊做其他事，又同時要聽，家長自己的心情容易煩躁，孩子也可能因為沒被好好回應，而感覺到不被尊重。

一個人在被生氣佔領的當下，對另一個人說話，遷怒、誇張、自我中心、態度很不客氣、聽不進他人的話……這些都是很常見的現象。大人都可能如此了，何況是情緒控制力比較弱的孩子。

當我們聽孩子說話，感覺被傷到了，要怎麼辦？要看當時傾聽者的情緒承受程度。如果傾聽者情緒上還游刃有餘，也有時間的話，先聽孩子暢所欲言，讓情緒能連貫，敘事能完整。先把狀況搞清楚（如果能把誇大的地方還原最好），整個處理能告一個段落，再來討論孩子的講話態度，有哪些需要調整的地方。

有些傾聽者真的耐性不夠，或非常容易被激怒，最好事先跟孩子坦白，讓孩子知道當父母的人也不見得有能力處理情緒。雖然這樣對大人來說，比較沒有面子，但是起碼比讓孩子不斷經歷期待然後失望的循環要好（這段話要這樣的父母聽進去，實在不容易，不過，或許可以幫助一些曾經受傷的孩子，理解他們的父母親）。

有些父母，連孩子輕佻的眼神都承受不住，更別說好好聽孩子說話了。如果可以，還是找耐性比較足夠的人來幫忙，親戚可以試試看，偶爾老師會願意擔任傾聽者，要不然找專業人員也行。

有時候，我們要這樣想，好好聽孩子說話，還要承受一些不舒服的感覺，我們能換到什麼？

我們可以換到孩子出事的時候，我們能夠很快處理並反應；可以換到孩子的情緒有出口，狀態會比較穩定，也比較不會累積身心疾病。通常可以有比較良好的親子關係；通常傾聽者會比較知道對方的狀況，給對方適當的建議，讓對方能遇事冷靜，有比較好的生涯選擇……

我們從親子關係擴大到其他的關係，有朋友說，做一個被倒垃圾的人，其中一個很累的地方，就是要花很多時間聽，有時候不聽還不行。然後聽一聽，連自己的心情都受影響，特別是那種陳年老調，重複到令人無力、無奈。

還有，善傾聽者，是別人碰到垃圾事時，第一個想到的對象。可是，吃喝玩樂，有好事的時候，想到的是其他人。這讓傾聽者實在為之氣結，特別是當別人倒垃圾的時候，不想要接傾聽者的垃圾，關係不對等，感覺很像被利用。

其實，能當傾聽者很不容易，除了要很能處理自己的情緒，還要很會接情緒，能把對方遇到的事，前因後果清楚地整理一遍才行。傾聽者所聽到的故事，常可以化為養分，滋養傾聽者自己的人生。然後，在助人的同時，也能幫助自己。

我們在關係中，最好是能聽、也能說，兩者都可以學習。然後，我們聽的時候，是量力而為，自己的事都無法兼顧了，就得坦白說明，先照顧好自己身邊的人與事，我們也有我們該負的責任。

接情緒的人，是不是真的很倒楣？如何評價，只在一念間。

填不滿的洞

我在面對家庭的時候，偶爾會使用「受害者—加害者—拯救者」的角度，去看家庭成員之間的互動。不過，並不完全符合卡普曼戲劇三角形的說法，純粹是我個人的演繹。

像是，我常常看到媽媽會想扮演受害者，那麼，爸爸自然而然就被迫成為加害者。這時，看不慣爸爸的孩子，過度認同媽媽的孩子，在媽媽面前，就會變成拯救者，想要用自己的力量，讓媽媽更幸福。

只是，如果入戲太深，脫離不了各自的角色，其實，大家都是受害者。有時候，孩子再怎麼努力，即使是長大了，有經濟實力之後也一樣，媽媽心裡的洞怎麼也填不滿。

因為，挖洞的人，可能就是媽媽本人。

只有當媽媽覺醒，自己執著在受害者的角色，其實可能讓大家都受害了！受害者察覺自己就是加害者的那一剎那，戲劇的張力便出現了，如果藉此跳脫角色的僵化腳本，那是非常好的時機。

我認識一位非常喜歡扮演受害者的媽媽，她還沒開口，我就好像能聽見她的嘆息。她口

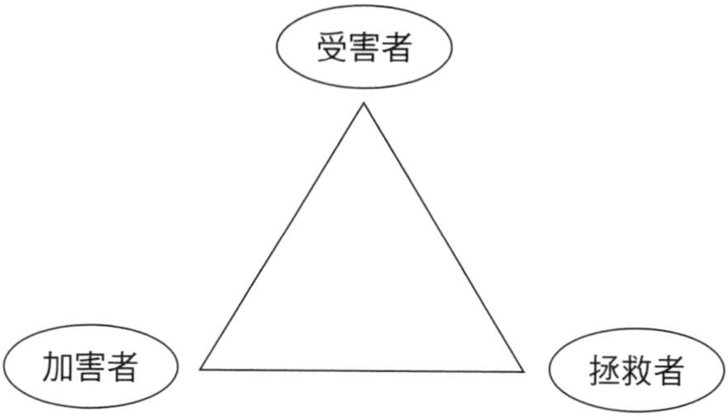

中的先生，就是十足的加害人，而她的兒子，就是肩負拯救媽媽使命的那位拯救者，兒子的經典名言就是對媽媽說：「我們快到了，離幸福不遠了，再等一下！」

可是，我感覺媽媽誇大了自己的困境。也許過去真的很辛苦，這我都看不見，不能輕易否認。但是，現在大家都好，先生也早就不在身邊，加害者跟被害者，看起來都是由同一個人飾演。

然後，有時候媽媽的戲份可能太重，把加害者的角色丟給兒子。說兒子對她很兇，這是一段孽緣。而我，就被積極地拉進戲裡，想安置我在拯救者的角色。

我，選擇當個旁觀者。依我們的關係，最多只能有幾句勸，當事人不醒，我無能為力。

誰有權力決定孩子的生死

媽媽帶著孩子用很激烈的方式離開人世，這樣的悲劇，時有所聞。我自己直接或間接面對的案例，印象中約有三起，幸好，孩子最後都安然無恙。

有個孩子一句不談，像沒事一樣，那是在否認階段。我們沒把握幫到孩子，就別輕易戳破。另一個孩子，直接在我面前談起大人結束自己生命的過去。那種漠然的表情，我迄今印象深刻。

面對這種重大的創傷，有時候人會處在麻木的狀態，也許是想起來非常痛，不如在情感上把它當成別人的事來談。別說孩子，連大人處在重要他人因各種原因離開這個世界的狀態，也常有罪咎感，甚至好幾年走不出來。我們就不難想像，「生命會有終點」這種衝擊，特別發生在至親身上，對孩子會產生多大的影響。

先要提醒一點，這類事件會有叢聚效應，也就是在一段短時間會有多起類似的事件發生。媒體在報導的時候，盡可能避免重複播送，也要減少渲染或誇張用詞的現象，並加註警語。

從法律觀點，是一種勸說父母的方式。如果孩子過世，父母卻活了下來，那便可能有「蓄意殺人未遂」的刑責。可是，對於一心求死的人來說，這樣的勸說，是不是反而會更加強他的決心，使用更激烈的方式以確保成功？

就法律的意義去探討，父母不見得有權力決定孩子的生死。父母會做這樣不得已的決定，通常跟經濟壓力（失業、多病……），或者家庭衝突有關。但即使如此，整體社會與相關親屬亦有部分能力，去照顧獨留在世上的孩子。

很多時候，父母想帶孩子離開，是他們覺得這是最好的決定——不願孩子留在這個世界上痛苦。我同時是家長與心理師，我看著許多前程艱苦的孩子，我真的不忍心苛責這些家長。不過，我也清楚，人一時落入低潮，情緒悲觀看不到未來，這時，還是該把機會留給孩子，為孩子堅強。

有部分的狀況，則比較接近報復。想讓孩子跟自己的永遠離開，使另一方後悔一輩子。關於這種心態，我的立場很清楚，大人的錯，不要讓孩子承受。

預防的方式，還是要回到高風險家庭的關懷與輔導。很多社會工作者實在辛苦，工作雖有意義，但整體社會的肯定不多。

最後，我想分享一首詩的部分。我們接引孩子到這個世界，並相互陪伴，孩子有他的生命，不能由我們大人片面決定。各位朋友，關鍵時刻，請找人幫忙，為孩子勇敢！

關於小孩（On Children）
作者：紀伯倫（Kahlil Gibran）

你的小孩，不只是你的小孩，
他們是生命的兒女。
他們經你而來，但不從你而來，
他們和你一起，但並不屬於你。
……
你可以庇蔭他們的身體，卻不能庇蔭他們的靈魂，
因爲他們的靈魂，是住在明日之屋，那是你夢中也不能探訪之處。
你可以試著變成像他們一樣，但不要讓他們變成像你一樣。
因爲生命不能倒流，也不與昨日一同停留。
你的小孩好比生命的箭，你是把他射向遠方的弓。

射手看見遠處的標記，祂用無比的神力將你彎曲，
好讓祂的箭快速飛向遠方。
讓我們因得著喜悅，曲身在射手的掌中，
如祂愛那飛奔的箭，祂也愛那穩健的弓。

簡單平靜單純幸福

跟一位朋友聊天，她散發著很強的幸福感。我感謝她讓我感受到她所描述的美好意象，又願意在現狀上，為自己、為家庭成長。

之前有位朋友，在ＦＢ粉絲專頁上留言，談到她覺得我很幸福。我是不是真的幸福，這沒有客觀的評量，不過看到她這麼寫，我當下就有幸福加分的感覺。我自己清楚，我能照顧好自己的情緒，才能接收到這位朋友的善意。

「幸福的事，真的很多都建構在很單純、很簡單的人事物上。」這是朋友進一步在留言中留下的概念，我非常認同。

一個人，簡單一點，真的比較容易平靜。用減法過生活，節制慾望，把時間花在必要的人事物上，可以看到付出與回饋，這讓人感覺安然、踏實。

一個家庭，簡單一點，真的比較容易幸福。也許是我的經驗有局限，在現代的大家庭裡面，常會被扯進許多是非與比較當中，就算我們選擇跟這些切割，也會有壓力。越是投入是非與比較當中，越是弄得怨念沸騰。

簡單平靜，單純幸福。因為更容易回到事物的本質去掌握，去覺察自己的起心動念，從拉扯之中再回到初衷。

當關係只有兩人，我們常不小心進入一種拔河的狀態，我們用力往我們這邊拉，對方也用力往他那邊扯。在拉扯到感覺關係緊張的時候，雙方懂得相互理解，理解到極致，我不再是我，你也不再是你，我中有你，你中有我。你我的分別消失，生命共同體的意識浮現，自然放下拉扯，攜手前進。

可是，當關係牽扯數人，常不是你我願意放下，就能罷手。家庭之複雜難解，部分原因在此。

或許是因為我常覺得我對家庭動力感到迷惑，但又跟家庭一起工作，所以不斷地寫。有位朋友很搞笑，他說，每個月把我的文章集結，就可以出一本《洪老師月刊》了。我告訴他，對我來說，我自己本來舊有的想法，我不覺得怎麼樣，朋友們的留言，才是我的重點。我在寫的時候，腦中常想著一些人、一些事。所以最近有朋友說，他有時候看我的文章，會感覺我在跟他說話。這或許跟我的工作有關，所以語氣上也有這種感覺。

可是，我清楚，真正在寫的時候，我面對的恐怕是我的回憶，以及我的人生所投射出的困境。

我有我的困境，各位朋友也有各自的困境。往困境的深處走去，大家都在面對，本質上有其共同共通，不再分別。你、我的困境，二合為一，複雜變簡單，簡單致平靜。

要簡單，不簡單，需要努力。有時候，也要努力不努力。

當老、病、死在我們面前的時候

跟朋友談到她家族裡最近發生的事。有些人得癌症，有些人的身形日漸衰老，有些人要準備住養老院，有些人則茫茫不知方向……

家事如麻，壞消息常比好消息多。在生命面前，我們總是渺小，也不得不學著謙卑。日常的煩惱不快，拉高視野來看，只是枝微末節。

就在今年，我面對的兩個孩子，教他們的老師分別過世，縱然年紀輕輕，無常也沒放過他們。家長陪著難過，我則暗自警惕，生命有時，有哪些安排我可以收回來，放在我最在乎的事情上？

至親摯愛離世，那種悲傷像海浪，一波剛走，下一波又會來。狠狠哭過，以為再也哭不出來，沒想到隔一段時間，悲傷又猛然襲來，這都很正常。即使平靜了好些時日，像是剛好周年，或者整理照片，又想流淚，這都不算誇張。

愛有多深，失去的時候就有多痛。愛本來就是冒險，但是一起走過的路都留在心頭。形體不在身邊，閉上眼簾，彼此相視的微笑就能化現。

某些朋友，是因為壓力難受，而讓我們有機會在網路上相伴著走，我感恩領謝。我最近也面對些難過，不過，難過教我有些事得要早點把握，別讓遺憾先來找我。

生命從來不曾承諾我們長久，但它不忘記提醒我們要感受、享受、接受。我們曾經讓彼此的角色有個圓滿，這就足夠。

我們的人生有兩點，是起點與終點。我們一直往終點走，沒辦法回頭，我們想坐在原地，也會繼續被時間推著走。不過，別怕，等終點到了，我們那時早就走了，重點是，我們經歷過什麼。

不是什麼好的事，就非得永久。再久也只能變成回憶，不珍惜什麼都沒有。

塵爆事件的心理復健

塵爆事件發生的時候，我嚇了一大跳。因為我正規劃暑假要帶孩子到事件發生處玩，而且如果真的去玩，也可以自由入場，我會選擇參加這次活動，因為活動主持人是孩子知道的藝人。

然而，真正感受到事件的嚴重性，是藉著這幾天朋友們在臉書上發的訊息。知道燒燙傷的復原，需要漫長的過程。

臉書上的一些聲音，特別是針對媒體的部分，讓我感受到一般民眾對媒體環境的重視。有的人希望媒體節制報導的方式，盡可能別去打擾家屬，煽動情緒；有的人則開始發文，希望家長別讓孩子無限制地暴露在電視前；也有自己本身似乎就是媒體人，對於自己處理新聞的方式，有了新的嘗試，不希望跟某些媒體同流合汙。

這些聲音，我感覺到越來越強。希望涓滴成巨流，讓媒體重視自己對社會的正面影響力。發生災難的時候，台灣整體社會都在承受，期待媒體能讓民眾因了解而反省，安撫而非擴大已經快超量的負面情緒。

我也感覺到強大的負面情緒正在找出口，除了業者，還有政府、醫護，甚至家屬，都在被責怪的範圍。當負面情緒大到無法消化的時候，就會往各種地方竄，用理性去檢視，有些合理，有些似乎未必。

其中，在第一時間，就有一個聲音，是希望父母別責怪，去體驗人生的年輕人。

這讓我想到我了解的幾個例子，父母擔心孩子受傷，但是孩子真正受傷了，父母的處置則有相當大的不同。有的父母會在傷口上灑鹽，孩子已經很不舒服了，還一定要罵孩子一頓，先把父母自己的情緒發洩完了再說。

少數父母則是氣到漠視，乾脆不管孩子，即使孩子常受傷，有時甚至傷得不輕。造成孩子受傷，也不告知父母，就想辦法自己處理，或者根本不處理，想等自然痊癒。

本來是心疼與焦慮，結果這種情緒，大到父母自己沒辦法消化。然後，形諸於外的，就是破壞關係的種種作為。當情緒亂竄的時候，這是常見的現象，但我們要覺醒，才有機會口說我心，表達出我們心中的善意，也讓孩子感受到我們的善意。

我比較期待的方式，就是先把孩子的生理傷痛處理好，心情安頓好。等待事件暫告一段落，再跟孩子分析前因後果，重點是如何預防。

讓父母擔心，就是要先挨一頓罵。這樣的教養習慣，真的要看事件與其嚴重性而定。對我來說，重點不是罵，而是「教」。

以這次事件來說，就算是大人，也不見得有能力判斷，是否會發生意外。之所以叫意外，常是因為在事件發生之後，我們才意識到其發生的可能性。而且我相信，即使是業者，也不希望這次事件發生，但它還是發生了。

對受難者來說，除了生理的復健，心理的復健也很重要。這是一次創傷事件，對部分的受難者來說，那種威脅生命的強大壓力，以及後續疼痛所帶來的長期負面情緒，可能大到家屬難以處理。

部分受難者，可能會一直在腦中不自主地重播當時的情景。而這樣的一個大腦自主性的活動，並非我們要當事人「別想太多」，就可以停止。如果真的可以馬上停止，我想當事人自己就會想盡各種辦法去執行，因為當事人也不願意，這會讓驚恐、憂傷的情緒不請自來。對於當事人的脆弱，請別強拉當事人脫離那樣的狀態，至少暫時不容易。我們要允許當事人有難過的權利，而且說不定可能會難過好幾個月的時間。所以，如果不是專業人員，單純是家屬要面對當事人好幾個月的負面情緒，我想，家屬可能也無法承受。

一個人無法承受負面情緒，這個情緒就會亂竄，包括傷害最痛苦的當事人。

陪伴一個人走過悲傷，並不容易，那需要陪伴者有強大的心理能量。以我的工作來說，我偶爾也會因為不捨當事人的處境，而陷入難受的情緒，甚至影響生活。

從這角度來說，我們就不難理解，同時要面對受難者的痛苦情緒，以及要承擔實際照顧責任的家屬，會有多麼難熬。以我的經驗來說，有些為人父母的家屬，可能壓力會大到比受難者本身更早崩潰，反而要受難者來照顧爸爸媽媽的情緒，這可預見的場景，需要更多的支持力量才能走過去。在這種情況下，受難者本身還會壓抑自己的情緒，以免讓父母擔憂。

部分受難者會經歷到的栩栩如生的感官記憶，需要跟一般性的長期記憶整合在一起，因此，這需要在安全與信任的環境中，透過言語或某些表達，一次又一次，才有辦法緩解。所以，如果能有民間的基金會被委託，長期陪伴受難者，組織心理支持團體，可以減輕家屬的負擔。如果同時也能針對家屬服務，那真是再好也不過。

探望受難者時，我們可以用同理而非同情憐憫的方式互動，可以讓當事人好過一些。除非受難者要求，我們不需要特別讓當事人暴露在相關新聞畫面中，勾起創傷記憶真的很不好受。就算受難者要求，我們也得審慎考量，當事人是否能承受。

我們常是悲喜交集一起過生活，日子即便痛苦，不能忘記愉悅或者平靜的力量。當家屬的人，讓自己過得好，不是罪惡，這點千萬要記住。我們當然不需要一直在受難者面前歡笑作態，而是如果我們自己不懂得化解壓力，那這樣長期的生活要怎麼過下去？

自苦無法分憂，如果是家屬，除了受難者，還有其他家人要面對。要能把大家照顧好，自己要很有力量才行，別忘了求援，這並不丟臉，本來就很難是家屬自己就能好好處理的事。

願家屬照顧好自己，也願受難者找到面對生活的意義，自責不利復健。這是整體社會在承受的事件，感謝醫護人員的專業，讓我們看到您們對支持社會的強大力量。

我們可以重新開始嗎

家長帶孩子，一看到孩子就心煩的時候，我總建議，給孩子與自己一些空間。把孩子可愛的照片放在家裡顯眼處，趁孩子睡的時候，看看他睡覺的樣子，想想他可愛的地方。也許，回想一下寶寶剛出生的時候，那種極端的痛苦與喜悅交錯的片刻。

有一位媽媽，我跟她很熟，我猜，孩子回家之後，她最常講三句話：「功課寫了沒？」、「考得怎麼樣？」、「學校發生什麼事？」（這句話真實的意思，應該比較接近「你在學校有沒有給我惹麻煩？」）。媽媽絕對不是不愛孩子，而是兩個人的互動會有社會壓力、旁人眼光、彼此對於生活的期待……種種因素介入，久而久之，人與人的互動就變得慣性、局限，無聊、乏味、沉悶，一點一點地堆積著壓力。這時候，愛的感覺就容易卡住，沒辦法自然流露。

時間一久，我們常常忘記關係最剛開始的樣子。

曾經看過一個報刊的研究，裡面說，讓一對夫妻看一部好看的愛情片，會比一次伴侶治療的效果更好。報刊的研究常不能盡信，但我卻寧可相信，好的愛情片，能夠讓我們回到最初，回到動心起念的那一刻，重溫那一刻的美好悸動，想起在一起的原因。

我們可以重新開始嗎？

我不知道為什麼，看到這句話，我會想流淚。我記得，有一位朋友告訴我，她看到我希望家長多想想孩子可愛的地方，她也流了淚，她懺悔自己對孩子很兇，對孩子發脾氣。

有多少關係，在莫名其妙的狀況下，走入死寂，或者結束。我們終究沒能回到最初，沒能回到那一刻動心起念，我們硬要揹著許多「應該」與「世故」，以至於我們錯過與遺憾。

各位朋友，藉著文字，我們相互陪伴，或長或短。我衷心地祝福各位，緣分來的時候，能珍惜擁有；緣分走的時候，能夠轉身放手。不管關係的那一端，繫著怎麼樣的一份情感，願我們還能記得最初，不管能不能重新開始，最初的感動，別讓後來的嗔怨埋沒。

陪伴，是我送你的耶誕節禮物

孩子以前年紀小，我沒跟他過耶誕節，當然也就沒有所謂的禮物。我很注意節制孩子的物欲，因為物質欲望越多的人，也越容易不滿足，求不得的煩悶，會遠多於那短暫的快樂。不過，我以往還是會找幾顆漂亮的耶誕樹，跟孩子一起欣賞，感染一下過節的氣氛。

今年，孩子懂事了，學校也有教送耶誕禮的故事。剛好手上有一個準備好要跟孩子玩的玩具，方便攜帶，讓孩子出門不會無聊，就當成他這輩子，我送給他的第一個耶誕禮物。孩子很高興，我陪了他一段時間，玩玩具、講講故事，順便吃幾顆湯圓，也不忘冬至的習俗。

孩子突然抱著我，附在我耳邊對我說：「爸爸，我陪你玩，這是我送你的耶誕節禮物！」

我非常高興，抱著他，慎重地跟他說謝謝，說我很喜歡這個禮物。我隔天又再強調一次，他送給我的禮物，我覺得很珍貴。

我想到我認識的一位爸爸，同樣的情境，他大概會說，「這算什麼禮物」。這位爸爸很不會講話，出口常是難聽話，對情緒很不敏感，他很重視一些表面上的具體形式，心理層面對他來說常是虛幻。

我常常感謝孩子陪我，所以他知道他要讓我快樂，陪伴可以是其中一種方式。當然，相反地來說，他也知道，他對我不高興的時候，可以不理我，讓我難過。

剛好這禮拜，跟家長們談到，我們要讓孩子知道，他怎麼做會讓我們高興，怎麼做會讓我們不高興。甚至，什麼樣的言語與行為，可以傷害到我們，像是他傷害他自己，就會傷到我們。

家長說，那如果，孩子用這樣的方式來操弄我們呢？

我說，情緒勒索、用愛綁架，這是一個人有能力之後，就會想嘗試的舉動。確實，孩子如果確切知道他能傷我們，在剛開始的時候，這樣的行為有可能會變多，作為他情緒的一種出口。

可是，我們要讓孩子透徹地了解一個人，最方便的就是讓孩子了解他的父母。當他清楚地了解一個人，他就能以這個人的反應作為參考，去推想在其他情境中，自己行為的輕重，以及可能引起的他人的反應。

轉個方向來說，在其他的關係中，展現自己的脆弱面，這是個冒險的舉動。然而，當我們把自己的脆弱面護衛得密不透風，我們也有可能失去跟對方在深層的內在連結的機會。

我們對孩子適當地表達我們的情緒，我們也不忘劃界線。因為我們也愛惜自己，就像我們希望孩子也愛惜他自己一樣。所以如果孩子講了什麼傷人的話，我們就可能要採取一些必要的保護動作，像是暫時不跟他講話、離開現場等等，這也可以示範給孩子看。

我們父母是一個孩子面對社會的跳板，也是他學習的對象。所以我們能承受一些傷害，那是換得孩子長大的其中一種代價。

孩子年紀小，我非常高興他知道在心理層面，如何讓我開心，這比他送什麼物質上的禮物還好。他的真心誠意，就是讓我開心，也讓他自己開心，這種耶誕禮，變成記憶，我只要沒忘記，都能讓我心裡充滿暖意。今年，他是我的耶誕老人。

各位朋友，我沒什麼禮物送給各位，但期待這段文字能讓您暖心。然後，如果您願意試著也給旁人一些暖意，我想，這就算是您給我的耶誕禮了。

原來，愛是不會結束的，
它用很多種方式繼續，
但愛回不回得到最初？
卻讓千言萬語頓時也無言以對……

——————光禹

愛並未終止

失去是一回事，後悔是另一回事。

讓我們重新看待對離世者形體的執著，有些關係，終究是要退場的。這種感覺很痛苦，就讓那痛苦發生，讓它帶著我們更明白，退場已經發生，我們彼此都完成了一段任務，我們需要這樣的篤定。

緣盡於此，可以因為不捨而悲傷，也可以由於釋懷而平靜。

或許，我們想他的時候，可以在心裡邀請對方靠近。即使我們知道，真正靠近的其實是記憶，那都沒關係。

如果愛是一種感覺，那麼想著他，讓我們溫習，讓我們懷著感恩的心，去思想以前從沒想過，曾經被當成理所當然而忽略的善意。如此，愛並未終止。

如果愛是一種行動，那麼，將這個行動傳遞下去。如果我們因此而建立起美善的關係，那麼，他便部分地活在這樣的關係裡，愛並未終止。

我們難免做過不少錯事，但是如果我們做得到從中學習，讓留下來的盡可能都是好事。

別讓後悔干擾我們的想念，那麼，愛能繼續蔓延。

我們不知道人離世之後，會到哪裡。但是我們想念他的時候，說不定，他也正在想念著我們。

那只是浪潮的起落

有不少朋友問我，成天傾聽負面情緒，能來得及消化嗎？

當然不一定都能消化，我的功夫還沒到家。不過，盡可能在當下感受，然後放鬆，召喚理性來幫忙，才能扮演好我的角色。

像是我曾經一次聽到團體裡的兩位家長，分享各自的孩子剛剛被醫師診斷，我當時陷入比較深一點的難過。因為我經歷過許多次這樣的歷程，我知道這才是開始而已，未來孩子還會經歷不少辛苦，兩個家庭的家人們會陪著焦急心痛。

我讓自己在當下體驗難過的感受，並不在第一時間壓抑自己的情緒。然後體驗呼吸、放鬆，讓理性來幫忙我，想一想：我接下來該怎麼幫忙這兩位家長？幫忙整個團體？

對我來說，開放我的感受，是我的工作所需，也能讓我的生活精彩豐富。可是會有一些風險，有時情緒一下子來得太強，強到難以承受。不過，我還是盡可能讓情緒流動，有時候把情緒當成浪潮起落，正在拍打，也會退潮，這樣想會有些好處。

常常，我跟朋友們正在談論極為難過的事，但是在情緒最飽滿的時候，突然一個轉折，情緒釋放了，當事人放鬆了，整個團體就開始笑了。哭哭笑笑，是團體裡的常態。能笑得出來，日子就過得下去。

所以，雖然我面對的是「負面情緒」，但千萬別把它當成「負面經驗」。正、負面情緒，常常是跟著一起來的，體驗它、感受它，常對我們的人生有一些幫助。

最近一位朋友問我，過得如何？我說，我感覺很充實。我試著實踐我的專業，也傾聽，但不帶走當事人的問題。如此，我才能面對一段又一段的關係，而不陷進去，有著清醒的大腦，幫忙理著情緒，陪著當事人走一段屬於他人生的路。

浪潮常常是起起落落地，有漲潮，也會退潮。常去體驗情緒的起落，不去阻擋它的流動，久了、習慣了，情緒得來去可以更自在，但心中自有靜定，靜定日深。

卡謬說：「因為擁抱了愛，才有悲傷。」

別怕悲傷，就像我們不想害怕擁抱愛一樣。

傾聽你而不帶走你的問題

助人者要很小心的是，自己抓不清與當事人之間的界線。所以，聽越多當事人的問題，就越感覺疲累或煩躁，好像都變成了自己的問題。最後不堪負荷，反而可能傷到當事人，或者影響自己的生活，造成自己無力繼續付出。

所以助人的時候，我們要注意，如果當事人所提出的問題，他自己有能力處理。那麼我們可以表達一種態度，「我關心你，但我知道你有能力處理！」

我們如果想要滿足自己為助人者的成就感，過度幫助對方，可能造成弱化對方能力的結果。對方過度依賴，我們因此感覺自己高人一等，但忽略我們也要應付我們自己的生活，很多事我們沒辦法幫對方解決。偶一為之或許可行，長期來說容易耗竭。

有些助人者沒釐清自己的需求，還會因為當事人放棄努力，獨立失敗，最終不得不回頭求助，因此而偷偷感到高興。這時候助人者等於算是犧牲當事人，來滿足自己。

有時候，持續傳達「我知道你做得到，我不會幫你解決」的訊息，然後袖手旁觀，會看起來無情冷漠。也或許，表達的方式不佳，會造成當事人的憤恨。不過，如果當事人願意扛起自己生活的責任，對他的未來大有好處。

此外，我們也得設定界線。譬如，堅定地說「我只能聽你說半小時」。有時候，當事人一講起話來，可能至少超過一小時，有些甚至一次就耗掉半天。那麼，當事人的問題不但沒解決，又造成我們的問題，對雙方都沒好處。

我們量力而為，那付出就可長可久，對雙方皆有益。

助人者如果助人成功，常會出現的狀況，就是當事人不需要我們的幫助了。甚至轉身離開，從此只是點頭打招呼，或不再見面。有些會心存感謝，有些則視為理所當然。我們得要正面面對自己的失落感，然後，依靠自己良好地經營自己的生活，重新找到生活的重心。

於是，我們藉由陪伴他人過生活，而豐富我們的生活。我們不涉入牽扯不清的互賴關係，讓自己更自在地行走坐臥。

CHAPTER

2

理解與諒解

一天一藉口，幸福遠離我

朋友抱怨她的兒子愛抱怨，有錯就找藉口。好像就算全世界都錯，他也沒有錯。巧的是，她先生也抱怨過她做事推託，只是那一次她先生把說出口的結果，是她氣得不跟她先生說話好幾天。簡單來說，抱怨似乎變成一個循環，愛抱怨的父母，很難忍受愛抱怨的孩子。

「行有不得者，皆反求諸己。其身正，而天下歸之。」——《孟子・離婁章句》所做的事，如果無法如願，都可以自我反省，試著自己先改過。等到自己的身心都純正了，天下的人自然都來歸附了。

這道理不難，但是喜歡抱怨的人，常是寬以待己，嚴以律人。道理是他人要遵守的，自己負責評斷就好了。

有一位媽媽，回到家就喜歡評斷別人，誰很小氣、吝嗇，誰一講話就讓人討厭，誰的孩子別跟他一起玩，誰的孩子反應很慢……然後，某次她問我，孩子很「白目」，分不清楚場合，出去都會當面講別人的缺點，讓大人很尷尬，怎麼辦？

我想，媽媽不是不知道怎麼辦，孩子的話出口，多少都該有警覺了。只是，管不住自己的舌頭，又不想負起責任，所以想要尋求專業意見，找機會把責任推給別人。然後，找自己想聽的話來聽，草草執行之後看不到效果，說不定又跟別人抱怨，其實專業人員也不專業？

所以，我常喜歡談，技巧其次，價值觀與態度的改變，才是關鍵。推託、卸責、都是別人錯，這樣的態度不轉變，叫孩子做一百天不抱怨的紫手環運動，又怎麼會有長遠的效果呢？

還是，最好都是別人改，我不用改？最好是別人來配合我，讓我做自己，最輕鬆自在？真的都不改，做自己，就最輕鬆自在？如果是這樣，那那麼多抱怨哪裡來？

我常想，抱怨的時間拿來修養自己，都足以產生小的改變了。然後，有小改變才能引發大改變，自己改變慢慢才有機會引發別人改變。

阿里巴巴的馬雲說：「這世界不缺抱怨，缺的是解決問題的方法。」

那怎麼解決孩子愛抱怨、找藉口的問題？從父母自己開始是很棒的選項。

「數算恩典」是一個很棒的概念，這原本是使用在宗教上。但是，回歸到教養，我們也可以變化來使用。

有沒有想過，我們如果能把一天抱怨、推託的次數，把其中的一半，拿來想想生活中有沒有值得感恩的事，有沒有簡單就能做到的小改變，不知道該有多好？

如果沒辦法每天做，那是不是至少一個禮拜找一個晚上，大家都在的時候，試著做做看？

我曾經跟一個家庭互動，年輕人告訴我，她很希望爸爸媽媽，能夠好好聽她講完一件事。而不是第一件事沒聽完，又講到其他的事去，這樣她的話永遠講不清楚。我最後問父母，家裡面，有沒有大家坐下來，好好說話，談談最近家裡的問題的時間？

沒有。媽媽代表回答。

其實不只這個家庭，我認識的不少家庭，也沒有這種時間。要不然就是，一講沒多久就吵架，久而久之大家就不想講。要不然就是聚會的時候，常面臨誰要避開誰的問題，連大家一起講話的機會都沒有。

很多事，不好好講，當然不容易有講開的機會。尤其是家庭裡很多事，牽扯好幾個人，大家都要一起配合才行。

那麼，先從感恩開始吧！坐下來一起感恩，起碼比說教入耳。

我只要有機會，就會跟孩子聊天，排隊、等待、坐車、走路、休息的時候，只要孩子想聊。孩子很愛分享他遇到的各種事，我常不經意地順著他的話聊到：哪一個人照顧他要花時間陪他，他要知道；哪一個人又講了誰的壞話，那是他很生氣，怎麼做才能讓他別那麼生氣；他可以到很多地方玩，要感謝誰呢……

我做人做事都有很多地方不周全，所以也一起跟著孩子感謝許多人的包容與協助。謝謝警察先生保護我們，謝謝郵差先生送信，謝謝廚師做好吃的東西，謝謝姊姊送我們氣球……

我聽過一句話：「我們在人生中的報酬，永遠與我們對待別人的體諒成正比！」

我們在抱怨別人的同時，別人也可能正在抱怨我們。我們不體諒人，挑小錯來嫌棄，別人的付出也不會想繼續。

有時候抱怨跟分享心情與爭取權益之間的界線很模糊。所以，與其只講不抱怨，不如多談珍惜與感恩。即使對孩子，也可以感恩。

我最常對孩子說，謝謝你陪我。孩子對我說，是你陪我！

陪伴與珍惜，送禮自用兩相宜。

人怎麼可能沒有感情

「人怎麼可能沒有感情？」這是最近一位沒辦法放手的媽媽，問我的一句話。

這位媽媽很想管孩子的事，常因此發生親子衝突。我勸媽媽，孩子大了，其中有些事可以不用管了，但這位媽媽做不到，問了我關於付出與感情的問題。

父母愛子之情，最偉大的就是一輩子為孩子牽掛，但不為利益。長年跟孩子相處，孩子變成了自我的一部分，兒身疼，我心痛。

當孩子漸漸長大，要獨立的，不是只有孩子，還有我們。因為從客觀來看，孩子出生後，越有能力，就越獨立。

不是我們想親近，孩子就願意我們靠近。通常，我們親近的方式，可能不是孩子喜歡的方式，也或者，孩子開始有自己的交友天空。

我很喜歡莊子跟惠子抬槓的一段話，語出《莊子》德充符篇。我自己的解釋簡單得多，人怎麼可能無情，然而感情的表現，要盡可能不傷害自己，不傷害他人。

如果我們硬是要用我們想要的方式，表達我們的關懷，干涉孩子過多的生活瑣事，孩子痛苦，我們受傷，那得要反求諸己，我們用這種感情來傷害彼此，是為了自己的什麼需要？是我們需要被重視？是我們想要感受控制他人的優越？是我們平日生活沒什麼寄託？是我們很需要人來聊天談話？是我們自己的心態，還沒隨著孩子獨立長大？……

我最近跟朋友們，談到建設自己的重要。我們用更多元的方式去定義自己，便不容易在某個部分失落的時候，便感覺喪失了存在的意義。

譬如，為人父母，只是我們的角色之一，只是滿足我們需要的某種關係。但我們同時有其他不少角色，不能偏廢。東方智慧，談平衡、和諧，在關係中不能偏執一方。

孩子過得好，我們沒理由不能放下；孩子過得不好，我們也不是所有的事，擔心就有用。但是，照顧好我們自己的情緒，讓孩子跟我們相處，輕鬆自在，甚至依然能讓孩子感到滋養、安慰。消極來說，至少不在情緒上，造成孩子的負擔。

換句話說，照顧好我們自己的情緒，讓我們的生活充實有意義，這是我們對孩子最大的祝福。

萬物有情，有情世界有其美麗與執著。情感的給予與接受，能節制有度，那麼，我們身在其中，不昧其中。

跟您分享我喜歡的《莊子》德充符篇：

〔白話譯文〕

惠子對莊子說：「人可以是無情的嗎？」

莊子說：「是的。」

惠子說：「人如果無情，怎麼可以稱爲人？」

莊子說：「道給了容貌，上天給了形體。怎麼可以不稱爲人？」

惠子說：「既然稱爲人，又怎麼可以無情呢？」

莊子說：「你說的不是我所謂的無情。我所謂的無情，是說人不要讓好惡之情傷害到自己的天性，就是要經常順應自己本然的狀態，而不要刻意去養生。」

惠子說：「不刻意去養生，怎麼能夠保全身體呢？」

莊子說：「道給了容貌，上天給了形體，不要讓好惡之情傷害到自己的天性。現在你放縱你的心神，消耗你的精力，倚著樹幹就高談闊論，靠著桌子就閉目昏睡。上天給了你形體，你卻以堅白之論來到處張揚！」

〔原文〕

惠子謂莊子曰：「人故無情乎？」

莊子曰：「然。」

惠子曰：「人而無情，何以謂之人？」

莊子曰：「道與之貌，天與之形，惡得不謂之人？」

惠子曰：「既謂之人，惡得無情？」

莊子曰：「是非吾所謂情也。吾所謂無情者，言人之不以好惡內傷其身，常因自然而不益生也。」

惠子曰：「不益生，何以有其身？」

莊子曰：「道與之貌，天與之形，無以好惡內傷其身。今子外乎子之神，勞乎子之精，倚樹而吟，據槁梧而瞑。天選之形，子以堅白鳴。」

不勉強自己難過

有一個中年的朋友，我們年輕時候見過幾次面，不算熟。但現在再見面，真的頗有感慨──我們都到了當初想像不到的年紀了！

他說，他常看鏡子，鏡子裡面的人皺紋不少，皮鬆肉垮，他真不敢相信這個人就是他。然後，高不成低不就，知道自己就是個普通人，非常平凡，這種滋味其實很不好受。

我問他是不是有了中年危機，他也覺得有可能。中年了，上有高堂老母、下有妻兒，社會責任很重。然而，他想掙扎著活出一些自我，他覺得是一種奢侈的叛逆。

最近家裡出了一些事，他媽媽很難過，可是，他倒是情緒還算穩定。他媽媽覺得不可思議，為什麼他沒跟著難過？

他說，他不是不難過，而是覺得日子沒必要這樣過。他的感覺是，他媽媽走不出來，想要找一個人陪她，他平常跟她關係親近，自然成了首選。可是，這次他們之間的情緒並不同調。

一般來說，要破壞關係的其中一種辦法，就是在對方難過的時候，我們表現得高興。然後，在對方高興的時候，我們表現得難過。這樣，關係就算沒有斷，也會慢慢疏遠。

最近這件事，確實讓母子關係疏遠了。他不想連自己的情緒，都要活在別人的期待裡，連自己真實的情緒，都要被評斷，到底適不適宜，這樣活得真不自在！

以前，他還會裝一裝，但這次，他不想勉強自己了！他就是在他媽面前表現出真實的情緒，他也不會故意大笑，就是在他媽面前不說話，但是他媽問他的感受，他真實表達。

甚至，最近還有一些小事，讓他開心。因為他不勉強自己，也不勉強孩子了，孩子有什麼情緒，隨便他，孩子該做的事有做就好了。他以前，連孩子笑得很誇張都要管，現在他自己的心態是，尊重自己、尊重孩子的情緒，別壓著、憋著。不管那麼多，心裡就輕鬆，還會跟孩子開玩笑，這是他親子關係很少見的突破。

日子過得再壞，也會有些事值得高興。好像遇到壞事，不難過一陣子，就該有罪惡感那樣！

他媽不諒解他，找他妹告狀，他妹打電話來，也問他為什麼不難過？他又要再說一遍，有時候，難過在心裡就好，連難過都要表現給別人看，讓別人滿意，這到底是什麼規定？講到最後，為了這種事，好像要把他講成沒血沒淚的感覺，真的不知道在演哪一齣？

他很有趣，他知道我平常被問太多問題，他強調他把這段心路歷程說完，只是想分享，不問問題，不用我花腦筋。我感謝他不讓我在私底下互動的時候，還感覺自己像在工作那樣。

話才剛說完，他就忍不住說，那可不可以問一個問題？他也沒等我回應，就開始問，說他這種在情緒上的叛逆，到底對不對？

我實在哭笑不得。我說，他都要叛逆了，還這麼在意我的看法嗎？他說，也對，他其實只是要我肯定他，其他的話他都不想聽。我說，好吧，那請他有空看一下我的臉書，我想清楚了，我的回應就會出現。

成長到哪裡，是非的標準就會跟著遷移。昨天是對的事，今天就可能是錯的，因為思考的方向不同了。可是，用對錯去論情緒，那是沒尊重到自己的本性，我們只要確定，我們在情緒上的表達，不會蓄意傷人，至於他人要如何評判我們的情緒，我們尊重對方，就好像我們希望對方尊重我們一樣。

祝福這位朋友，也祝福各位朋友，讓情緒自由！

不是有意扭曲事實

她告訴我，她之前回娘家的時候，她媽媽又為了某件事在鬧。她們家的傳統就是，她媽媽一鬧，大家就閉嘴。因為她媽媽非常情緒化，講一件事情，常常會照她的心情來講，就算不是事實，她也會講得像真的一樣。

如果其他家人反駁，她就會像要拚命一樣，一定要說自己的版本才是事實。如果其他家人聯合起來證明她講的不對，就算拿出證據，她也會東扯西扯，想要轉移大家注意力，就是不認錯。她最後的絕招，就是指控其他家人聯合起來排擠她，她要自殺。

不跟她溝通還好，一溝通全家就陷入愁雲慘霧。根本連什麼是事實都講不清楚，怎麼可能溝通得下去？所以，她覺得最可憐的就是她爸爸，其他人根本都不太想回家，但是她爸爸沒得選。如果她爸爸願意，她支持爸爸離婚，跟她媽媽這種人生活，真的太辛苦了。

她說，結果她跟她先生說娘家的狀況，她先生回她，其實她也是這樣。她先生就開始舉最近發生的一個例子，她當然強力抗辯，她先生也一樣閉嘴。結果，她事後回想，她先生說得沒錯，她只是不敢承認而已。

本來只是在談她女兒說謊的問題，沒想到，後面這一大堆故事就扯出來了。她問我，是不是女生比較會扭曲事實？

我說，如果是為了特定目的，有意識地扭曲事實或說謊，應該不分男女，心智能力足夠就有可能。可是，如果是無意識地扭曲事實，我聽過一種說法，請她參考。

有一種說法是，研究顯示，男性回憶的時候，很重視事情的精確性；女性回憶的時候，很重視心情的描述。因此，相對來說，男性可能不帶情感地描述，聽起來過於冷漠；女性會依照心情去調整事實，以符合心情的狀態，就會有可能出現所謂扭曲事實的狀況。

不過，根據我印象中的記憶研究，不管哪一種性別，我們在回憶過去的時候，除非有明顯的證據，要不然，我們的記憶本來就會微調或重建。理論上，我們對於過去的記憶，會隨著回憶的次數越多，而調整越多次，記憶本來就沒辦法百分之百的精確。簡單來說，我們的心智，本來就會在無意識的狀況下「扭曲事實」。

她說，那她女兒說謊該怎麼辦？那怎麼跟她媽媽溝通？那她不喜歡自己這樣子，又不喜歡講輸她先生，要怎麼調整？

我跟她說，她的每一個問句，都要花不少時間來談，她可以決定先談哪一個。

她說，她記得關於孩子說謊的部分，其實有在我的臉書上看過，應該查關鍵字就找得到。她媽媽的部分，好像這麼多年了，她媽媽要改早就改了。她講到現在，反而覺得她自己應該要先調整，要不然，她女兒說不定也會跟她小時候有一樣的感覺，覺得媽媽跟外婆都差不多，很喜歡扭曲事實，這她不能接受！

我說，基本上，反射性情緒的作用很快，如果我們用說的，沒花太多時間去思索，保護自己的機制很快就會作用，「扭曲事實」的慣性就會啟動。如果想要增加理性的控制，就是慢一點再回應，控制一下情緒，要不然用寫的也可以。

不過，她怕「講輸」她先生。這個部分，她可能需要再多花時間自我成長一下。溝通的重點，不在輸贏，而在彼此了解。彼此了解的重點，需要心情與事情，兩者兼顧。然後，進一步才是解決問題。不過，我們要清楚，問題不一定能解決，但至少大家有一定的共識，別讓問題持續惡化，侵蝕關係。

如果非常在意面子，那就會常出現先怪先贏，推卸責任的舉動。可以從接納自己的不完美，重新建立自我價值來著手。

這個部分，就可以跟對女兒的教育一起進行。錯了沒關係，多做就可能多錯，但是承認自己的錯誤，嘗試彌補、解決，更是值得肯定。

我常把家長的自我成長，跟教養談在一起，那是因為我們認同的信念，會在潛移默化中影響孩子。有些家長，表面上講一套，事實上情緒與行為表現出來的是另一套，那麼，影響孩子最深的，大致上不會是那套表面上的說辭。

這位媽媽，願意從自己開始，由內而外，再去教育孩子。這樣的方式，是既幫助了自己，又幫助了孩子，我常看到這樣的歷程出現，我也學到很多。

不處理自己情緒有關係嗎

年輕人把情緒想得很簡單，「不去理它，不干擾到別人，就好了啊？不是嗎？為什麼要處理我們的情緒，那很抽象耶！」

不是只有他有這種想法，有些媽媽們，也會講到他們的先生，曾提出類似的看法。可是，人很難沒有情緒，自己不處理，就是其他的家人、親近的朋友要共同承擔，只是當事人不自知而已。

我跟他舉例，假設一個爸爸，在公司累積了一堆壓力回家。就算他不去理它，但也不可能笑笑的吧，大概表情不會跟臭臉差太多，旁邊的人看起來就覺得他在生氣，或者心情不好，家裡的氣氛就會變得比較凝重。這時候，如果有小朋友一不小心做錯事，讓爸爸生氣了，那爸爸就有可能會把在公司累積的壓力，連帶遷怒到小朋友身上。

聽說，有位爸爸就會一直講他們公司的事來舉例，好像是要教小孩什麼，可是小朋友根本就聽不懂，也沒辦法體會。媽媽作為旁觀者，覺得先生這些話是要講給自己聽，只是藉著小朋友當媒介，來消化自己的情緒而已。不過，副作用就是小孩會很困惑，溝通也沒效果。

像有些媽媽就會反應，某些先生都覺得帶小孩很簡單。可是真的要他們帶，好像要了他們的命一樣，只能幫忙看一下下，或者抵死不從。簡單來講，就是不耐煩，這就是比較不會處理自己的煩躁或生氣的例子。可是，像這種話，又不能當著他們的面說，面子掛不住，就開始不高興。

還是那句話，你不會處理情緒，那就是你身邊的人要接起來，不管是有形的事務，或者無形的情緒壓力。

像是不會處理生氣這件事，也有不少媽媽回饋。真的不能讓某些先生去跟孩子講道理，因為一講就氣，出口的話就不會太尊重人，導致先生跟小孩吵起架來，最後還是要媽媽出馬去收尾。問題沒解決，還製造更多問題。

不過，我先聲明，是因為我大部分跟媽媽相處，所以媽媽們會舉的例子，大部分跟先生的缺點有關。根據我的經驗，也有處理情緒相當在行的老爸，也有很不耐煩的媽媽。

因為不耐煩，所以話沒辦法好好說。我問年輕人，他平常找誰溝通？

年輕人回答，當然找媽媽，因為爸爸很難溝通，他都是直接下命令。他根本就不想聽那麼多，而且一講話就好像看不起他，好像他什麼都不會。

我說，傾聽就是一種處理情緒的能力，還有，尊重也是。一個人懂得尊重人，是連小孩都有辦法給予尊重，比較有彈性，會包容，知道世界上有很多種不同的狀況，知道自己也曾經有年紀小的時候。

所以ＥＱ這個講法，在之前很受到重視，特別是ＥＱ被研究認為對成功的職場經驗、人際互動很重要。不會傾聽、不懂尊重，會比較接近自我中心。自我中心的人，如果在穩定的環境裡面，已經適應得不錯了，是有可能保持快樂的心情。然而，環境的變化很大，自我中心的人很容易受到挑戰，情緒上就容易起伏不定。

到最後，自我中心的人，很可能會說出「情緒不重要」這種論調。不是不想處理，比較像是沒能力處理。

年輕人還是有自己的想法，我還是聽，不急著再說什麼。有時候，人生沒什麼大事，特別在順境的時候，會不斷地向外追求，忽略自己的內心，這很自然。常要等到人生有了重大挫折，或者逆境的時候，才知道要貼近自己的內心，才會知道情緒影響我們很大。

不急，可以學習等待。人生是一條長河，情緒常在流動，會有某個時候，他終於知道，情緒能成為我們的朋友，視而不見，它就會用我們沒辦法控制的方式影響著我們。

不貳過的迷思

「她常常打我，想到就打……」孩子誇張地向我告狀。旁邊的媽媽一聽到，傻眼、慌張、驚訝……孩子仍兀自滔滔不絕地描述。孩子情緒一來，常會在字句的選擇上，沒那麼貼合著事實，常跟著情緒起伏，放大或輕輕帶過。以我對媽媽的了解，不至於像孩子所提到的頻率那樣高，但我猜測，孩子的情緒，恐怕累積到一定的程度了。

「我今年來只有打他一次，而且只打他一隻手的手心……」在下課前，我跟媽媽短暫地聊聊，媽媽解釋。

我跟媽媽說明，儘管大人覺得怎麼輕微，對孩子來說，常常歷歷在目。有些孩子長大之後，會細數被打的記憶，有些即使大人都忘記了，或者根本不是怎麼樣嚴重的體罰，孩子描述時還是會活靈活現。

當家長開始體罰的時候，表示他已經沒招了。所以，就我的立場來說，就像我跟孩子們的互動一樣，不會立即否定。我盡可能示範給家長看，課後跟家長說明，還可以如何跟孩子互動。

我在上課的時候，就這個問題跟孩子討論了一段時間。討論之後，常有約定，但是在約定的同時，我們自己要有敏感度，少數孩子能遵守，但大多數孩子還是沒辦法完全做到。坦白說，就算是體罰，沒把根本的問題解決，孩子也容易再犯，而且常由明轉暗，更難防範。

我喜歡聽孩子講他們該如何控制自己的行為，我常想像，他每講一遍，神經突觸就開始連結一遍，最後形成細密的網絡，支撐、確保行為的穩定。由孩子自己針對自己的狀況談我們協助修正為更可行的目標，會比我們大人直接命令、規定，更有效果。這不只是我個人的想像，而是常被引導對話與討論的孩子，確實在前額葉的發展上，會有比較成熟的表現。

家長說：「我跟他講過，如果還有小朋友告狀，說他動手，我就會打他。」

這個邏輯，是體罰孩子的父母，常有的說法。這主要是在身教上說不過去，如果我們用「打」，來教他不能用打的，來解決問題，本身就互相矛盾。相反地，孩子學到的是，原來父母是動用武力來解決問題，所以人天生的模仿機制，反而會讓孩子更容易這樣做。

「可是，用說的沒效啊！」家長急著說。

其實，鼓勵的效果更大，那是培養行為的基礎。前提是，要先看到孩子進步的地方，怎麼微小都好。然後，我就開始請家長試著說說看，孩子這次上課進步的地方——孩子的發言更主動了，舉手的次數更多。

再進一步談，孩子懂得向我告狀，那也是一種進步。他知道這個問題讓我了解，我有機會找媽媽談，這是應用了向人求助的上課知識，某種程度上，也表示媽媽足夠寬容，容許孩子跟我談他的情緒困擾，孩子也對我放心信任。

很多時候，我們以為，講過了就不能犯錯，孩子再犯錯就表示用講的沒有效。事實上，「不貳過」是一種很高的標準，對大人、小孩都一樣。不少大人，也明知道不能怎麼做，還是一做再做。根本成因沒解決，單純治標要產生效果需要不短的時間。

以這個孩子來說，他的表達與情緒控制能力正在提升，雖微小但可見。讓孩子也看到自己的進步，感受到大人對他的肯定，能增加孩子的控制力，減少困擾行為發生。此外，最近跟學校資源班老師聯繫，也討論強化教育現場的行為約定。

幫助孩子常像是照顧秧苗，播種、施肥、除害……然後，除了每日的例行工作，就是等待，我們急也沒用。太急了，孩子成熟度不夠，想揠苗助長，常欲速不達。

什麼時候我們眞的失敗了

她覺得自己不是好媽媽，她覺得在工作上的成就感，比當媽媽還多。她當媽媽的時候，常想太多，得失心很重，覺得慌亂，不知如何是好。但是面對工作，反而能放得開，該怎麼做就怎麼做，公事公辦，這個態度受到同事與下屬的敬重，以及主管的欣賞。

她說：「孩子都不聽我的話，我覺得我是一個失敗的媽媽！」

我們真正失敗的時候，是我們在心裡宣告自己失敗，然後停止努力。

在現在的社會，要兼顧各種角色，還要當一個被眾人肯定的「成功」媽媽，好比不可能的任務。因為到底什麼叫做成功？孩子聽話就是成功嗎？還是孩子有成就才是成功？還是要得到模範媽媽的表揚，才算成功？

一個當媽媽的人，常會跟孩子在各個生活層面拉扯。因為一個健康、正常的人，會有自主意識，會有不同於父母的喜好與做事方式。我們反而要擔心一個過度乖巧的孩子，會不會壓抑過了頭，情緒不斷累積而父母不知道？

有時候，聰明的孩子，叛逆期會來得比較早。他會用不同的觀點，來反思大人習慣的理所當然，並實驗與執行不同的可能性。像這樣的孩子，會提出與大人不同的想法，甚至討論、辯論，表面上看起來，就會很不像傳統的「聽話」。然而，這樣的孩子，比較有獨立思考的能力，說不定對於自己認同的價值觀，更願意去貫徹執行。

用孩子聽話的程度，去定義媽媽是不是成功，這實在不是一個很好的指標。

工作有目標，常用數字化的方式管理，追求效率。可是，親子關係，很難量化，像是「實施5次讚美，預計提升對媽媽的滿意度10分」，這實在是天方夜譚，可能做越多反而被抱怨越多。

各種關係，常會忽遠忽近的，這我們得要習慣。人無千日好，什麼時候，關係會突然轉折變化，我們真的不知道。

以青少年來說，對於茫茫未來，生理心理的劇烈變化，真的難免迷惘。他連自己都抓不住了，怎麼抓得住關係？

我幫助的一些孩子，常被認為不聽話。可是，一個不聽話的人，也常有很多地方值得欣賞。作為一個人，我不覺得乖乖聽話，然後非得要得到他人的肯定，才算有價值。

孩子不聽我的話，我會有些麻煩，會有挫折與難堪。可是，我更希望透過跟孩子討論的過程，讓孩子同時知道一個行為的利與弊，我希望孩子知道自己要什麼，什麼事對自己有意義。我並不希望教出一個，只懂得聽話的孩子，我也不希望孩子一直想要討好我，我更希望他懂得照顧自己。

我不希望他迷失自己，即使為找到自我而追求，會有許多碰撞與傷痕。如果他覺得這一生無憾，我會與他同歡，我甘願付出他不聽我話，我所要付出的代價。

不聽父母的話，不意味著不愛父母，不能因此定義父母的成功與失敗。「乖乖聽大人的話」，這句話，我很少對著孩子們說。

如果我們再用「表達不同的意見，就是頂嘴」、「不按照父母的期望生活，就是不孝」……這種態度去面對孩子。通常我所看到的，就是溝通陷入僵局，問題越來越惡化，整體來說會是雙輸的局面。

與其因為孩子不聽話而喪志，不如把心力多花在照顧自己、建設自己。關係中唯一能由我們掌控比較多的，就是我們自己。別忽略一個情緒與思考正向的人，對其他人的影響力。

父母不是神

跟朋友討論一個新聞事件，是有關成年的大學生殺人的事件。朋友說：「一定是他的父母沒有給他愛的關係！」

事實上，我並沒有很清楚地看到新聞，有描述關於新聞主角父母教養的部分。大部分的狀況，是即使有，常常也是旁敲側擊，用片段的資料，捕風捉影，去寫成「小說」。

朋友的說法，在我們的文化裡，並不少見。「養不教，父之過」，這是期盼父母負起教養責任的最佳寫照。

我們人類的行為當然可以反省改進，包括教養。無效的教養，確實可能會造成孩子的困擾行為。可是，我們的社會很有趣，常面對剛剛成年沒多久的人，所犯的重大案件，還是會把矛頭指向父母。

我覺得邏輯關係有點混亂，無效教養，可能會造成孩子的困擾行為，這點我同意。但是一看到成年子女的重大犯行，便推論一定是教養問題，這種反向的推論，我就覺得該小心謹慎。儘管如此，小心謹慎似乎不是媒體的顯學，只要有類似新聞事件，做新聞的方向常指向父母，要成年子女的父母出來道歉，最好有流淚、下跪或打架、吵架的畫面。

我覺得，我該為我看到的父母親講講話。

我記得有一次，在治療室裡，一位大學生跟父母要求要多給一點出國旅遊花用的零用錢。這大學生的行為，就以現在年輕人來說，並不見得特別過分。但是父母節省，希望給予必要的花用即可，並不希望養大孩子的購買慾。即使孩子已經成年了，父母依然期待能教育孩子。

我印象中，當爸爸說話的時候，這未成年子女就不敢再繼續要求了。爸爸說：「你說，爸爸有沒有出過國？爸爸從小到大都沒有出過國，你能出國，已經很好了！」

這位爸爸是顧家、愛家的榜樣，在現代社會，真的很少見了。可是，即使爸爸的身教言教，並不足以激發孩子的物質慾望，媽媽的言行也差不多如此，但是現代社會的誘惑太多，商品行銷的時候，常以消費作為「愛自己」的論述。成年子女的行為，父母固然影響很大，整體社會也要負很大的責任。

我幫助的父母們，很多常為了孩子傷透腦筋，因為孩子從小就不好帶，需要花費比一般父母更多的力氣，才能勉強 hold 得住。有一個孩子，上學對他來說，很痛苦，一有情緒就會有比較嚴重的困擾行為，但是父母親花了許多心力，傷透腦筋，還是困難重重。

我常常看到父母很用心，但孩子的行為不被學校或社會諒解的狀況。

以我來說，我幫助孩子的時候，並不是以要求孩子聽話為最優先考量。孩子可以有他的想法，只要他覺得對自己好的事，也在我的能力允許範圍，我就會想讓孩子試試看。

即使我花很多時間陪伴孩子，也很在意自己的言行，可是，孩子情緒一來，還是可能會講出從電視、卡通中無意看到的難聽話。我一點都不想要孩子學，我自己從來沒對孩子講過那樣的話，我個人也幾乎不講難聽話，即使是對大人。可是，孩子還是有其他管道可以學習不良好的行為，我沒辦法處處防堵，我也覺得不該處處防堵，要讓孩子能多體驗不同的行為，並為自己做選擇。

父母不是神，特別以成年子女來說，很多行為並不在父母能控制的範圍。我有時候會有一種錯覺，我覺得社會在做切割，切割社會自己跟社會裡的個人的責任，把責任都推得一乾二淨，把矛頭都指向父母，是最便宜行事的舉動。

我尊重朋友的想法，但是這樣的想法，其實容易傷害到無辜的人。特別是為人父母的罪咎，在孩子犯錯的時候，已經逃不過自己良心的譴責，又要再被社會譴責一次，然後社會又要想要用公審的方式來處理。

我看到許多愛孩子的父母，無力與無奈去面對孩子的行為，不用等到孩子成人，學齡前就看得到。期待整體社會意識得到自己的行為，負起社會自己的責任，放過一輩子可能都難以原諒自己的父母親。

父母該不該在孩子面前吵架

父母在孩子面前吵架，我通常不贊成。原因是，吵架過程中，要能保持風度，就事論事，理智又不失控的雙方，實在不多。不良的身教，盡可能不讓孩子看見，關起門來夫妻好好共修學習，彼此勉勵改進就好。

如果只是鬥鬥嘴、開開玩笑，可以增添生活情趣，這種吵架當然比較安全一點。又或者，偏向溝通而比較不像吵架，那我反而會鼓勵。讓孩子學習如何談好一件事，父母從意見不同、各自表述，到達成共識，然後修補關係的完整過程，細細展演。這麼棒的示範，對交友、工作、婚姻都有益，在社會上花錢都不見得學得到。

大部分孩子不太希望父母吵架，常因此有負面情緒，甚至進階成困擾行為。即使能體會父母維持家庭不易，意見不同難免，部分孩子還是打從心底覺得父母吵架不正常。

有些孩子，很怕聽到父母講到關鍵字——離婚。我很誠懇地建議各位父母，就算不為了孩子，也要為了經營夫妻關係著想，這兩個字別這麼輕易說出口。

我認識一位媽媽，一不如她意就口不擇言，常把這兩個字掛在嘴邊，不但顯得彼此的關係在她眼中很廉價，而且容易弄假成真。真的離婚了，她又把錯都歸到前夫身上，完全意識不到自己的行為所造成的後果，或者單純是切割不想負責任。

有些孩子聽到父母說「離婚」，會非常緊張，腦中常常想著這兩個字，影響學習的專注。然後，回到家就是常會想偷聽父母講什麼，甚至怪罪自己，懷疑自己可能造成了夫妻僵局，心情起落不定。

有些父母吵架聲音很大，讓孩子心情容易煩躁。有些孩子忍不住出聲制止，還可能不小心成為箭靶，加入成為吵架的鐵三角。意志不堅的父母這時正好轉移注意力，罵罵孩子，作為中場休息。

我都不斷交代孩子們，父母吵架，最好離得遠遠的。然後想一想，有沒有什麼事還沒做，趕快完成。要想著自保，父母

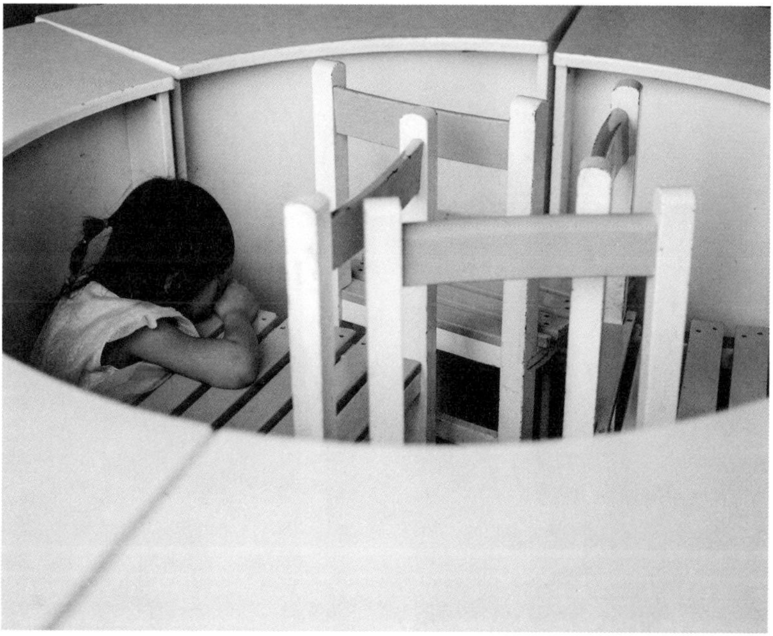

不喜歡的事，這時千萬別做，以免被遷怒。最好坐在書桌前，父母一看到，就一副認真向學的樣子。盡可能別偷聽父母在講什麼，因為我們很多事無能為力，真正重要的事，父母自然會說明。

我也跟孩子們分享，我以前有一個朋友，已經長大了，想要試圖解決老父母多年的衝突。可是，聽到他們講出許多不堪的往事，越陷越深，越來越複雜，最後連朋友自己都承受不住，出現了輕微的憂鬱症狀，只好自行撤退，但老父母爭吵依舊。

「別以為我們能夠解決父母之間的紛爭，即使談到跟我們有關的話題，也別以為就是我們的責任，別攬在自己身上，造成自己無謂的負擔。如果真的跟我們有關，父母會直接告訴我們。我們當孩子的，就是要照顧好自己，別造成父母更多擔心就不容易了。」

我希望孩子們離吵架的父母一段距離，但是自己的情緒都搞不定的父母，會主動想把孩子捲進負面的漩渦裡。最常見的，就是叫孩子當傳聲筒。

「去叫你爸來吃飯，跟他講，他再不來吃，就別想吃了！」、「打電話跟你媽說，叫她如果真的關心你們，就趕快回來！」……

叫孩子當法官，來評評理，這也不意外。畢竟，除了金錢以外，教養方式不同，也是父母吵架的重要原因，很自然會把壓力加諸在孩子身上。

「來來來，你看是爸爸對，還是媽媽對？」、「給你錢補習不好嗎？這是為你好耶！還是你覺得你媽比較有道理？如果是這樣，以後就不要跟我拿錢！」……

過分一點的，就是教訓孩子出氣，讓另一方心疼。以孩子為工具，作為要脅對方屈服的方式。

另外一種比較幽微的方式，是拉孩子同盟，疏遠另一方做為報復。類似下面的這段話，是一位國小中年級的男生，親口告訴我的：

「每次我爸吵完架，就會對我很好，要把我拉在同一邊，讓媽媽生氣。我都會假裝接受，這樣我會有好處。等我爸不在的時候，我再靠近媽媽，不要讓她這麼難過！」

我只要有機會跟正在衝突當中的家長談話，都會有意無意地提醒家長，別把孩子扯進來。大人就算關係走到無法挽回，真的要離婚，也別撕裂孩子的心，這不是孩子的錯。

只是，世事難如願，我也常只能看著悲劇發生，孩子受苦。希望狗吠火車，還能讓人聽得見，當家長自己陷入困境，拜託拜託，請一併注意到孩子脆弱的心靈。

他值得一個真心的道歉

親愛的陌生太太：

不好意思，我是在您們附近，看到完整發生過程的一位心理工作者。我的職業訓練我，不能隨意對不了解的狀況介入，所以我當場沒說什麼。可是，我有些話，您可以聽一聽作為參考。

我的位置很尷尬，剛好可以聽到您們完整的對話，您們似乎也沒有要低調的意思。您抱怨您的先生，沒有遵照您原先的規劃，就擅自替孩子決定了一些事，結果不如預期。您越講越氣，揉了紙巾，就往您先生的臉上丟。

因為是在公眾場合，我剛好看到了，其他人也看到了，都嚇了一跳。您的先生很冷靜，不知道是不是已經很有經驗了，他沒說什麼。您還是氣得一直罵，等您稍微氣消，您的先生就陪著說好話，陪您聊天、柔聲回應您，好像剛才沒發生什麼大事一樣。

親愛的陌生太太，就這一段互動來說，我感覺您很幸運，您的先生對您很好。這樣的先生，我認識的沒幾個。在大部分人的定義下，氣到往他人臉上丟東西，這是接近侮辱的舉動，非常挑釁。而且，是為了教養相關的事，有了這樣的舉動，像這種分量的事，用講的就好，不需要這樣做。

我想，您們之間應該有很多事，是我這個外人不理解的，我也不適合說太多。可是，您後續跟您的先生聊到孩子的情緒管理，關於這一點，我平常就常跟家長們討論，可以多說一點。

還好，今天孩子沒在您們身邊。如果您平常也在孩子面前這樣對您先生，這會是一種身教，換言之，您談到的孩子的情緒管理問題，會有一部分跟您有密切關係，希望是我猜錯了。

關於情緒管理這個部分，大人常是孩子的榜樣。您的先生，在這個部分讓我佩服。不知道是您的自我調整，還是他的 EQ 功力到家，您後來的心情好轉，還會對您的先生說好話，幫他夾麵，給他笑臉。可是，我沒聽到您對他道歉。

我要跟您說，他值得一個真心的道歉。

我有時候跟家長聊，我發現，有些家長臉皮很薄。對孩子、對配偶做了過分的事，不敢道歉，想說再做些好事，就算是示好，就想要和解，就當作沒事。

這不是不行，有些人也會接受，雙方當事人沒講什麼就好。可是，如果道歉要深入人心，不是只有表達善意，還要真誠地告訴對方，我們哪裡做錯了，下次要如何預防錯誤再發生。尤其像是往他人臉上丟東西這種舉動，被丟的人應該會惶惶不安（即便他感覺到善意），因為不知道下次往臉上飛過來的會是什麼東西？

像這樣的身教，要跟對孩子的教育一致比較好。就是對大人、小孩的標準不能差太多，這樣比較好教，我們大人做到了，比較有立場要求孩子。

還有，基本上我們在教孩子的時候，往他人臉上丟東西，是強烈禁止的事。尤其對自己的家人，更是不適當。我們自己不做這個行為，我們教孩子不這樣做，會比較有說服力。

還有，我也想跟先生說幾句話。也許不是當場，但事後找機會獨處的時候，也要跟太太說，這樣的行為，您不能接受，要表達您希望用說的，而不是動手動腳。說實在話，我們在進行人際互動的時候，即使親如夫妻，也有界限。不管是男性或女性，不能隨意侵犯對方的身體自主權，這也是我們要從小教孩子的。

有些行為，不能因為對方跟我們很親近，就允許。

有一次，我帶的孩子講，父母在家吵架相互丟東西。我也是很委婉地告知媽媽，在孩子面前，有些行為最好節制，媽媽也認同，只是當時做不到。

又像是我以前在探討，可不可以讓孩子打父母的時候，有家長說，反正孩子打也不會痛，讓孩子在有情緒的時候發洩一下也好。關於這點，我的態度會是明確地反對，這也是我期待教養孩子時，盡量不打孩子的原因之一。因為我們不打孩子，孩子也不能打我們，不管孩子多小都一樣，這是相互尊重的問題。

在我的工作領域，青少年打父母的例子，並不陌生，打到受傷都有。遇到這種事，我會主動跟年輕人說明我的態度，用說的比較有效，用打的只會造成更多煩惱。可是，當年輕人告訴我，父母也打他的時候，我就語塞了！

為了防衛而攻擊，這是人的本能。我們不能要求所有人，都可以乖乖被打。

所以，這位ＥＱ很好的先生，請為了您們的孩子，請為了您未來長遠的關係著想。如果您剛好有想到，也要讓太太知道，要給您適當的尊重。缺少尊重的關係，通常走得不會太愉快，也會比較短暫。

在旁邊的一位陌生心理工作者　敬上

替某位老媽媽寫的一封信

親愛的女兒：

我知道妳很討厭我，但我也知道妳也很愛我。妳希望我給妳肯定，我都看在眼裡。只是，我不輕易稱讚妳，妳要知道，我媽媽就是這樣對我，我相信她是為我好。

但是我不知道為什麼，妳們這一代的講法變了，變成愛要說出口，這跟我們以前有很大的不同。我們以前為了生活，很忙很累，哪有時間跟妳們孩子講這些？

我知道，有些想法再不說，也許就算等到我上天堂，我還是說不出口。所以，我想先寫下這封信，希望有機會妳能看到。

我不是不愛妳，我也不是真心不想聽妳講妳的心情。而是我每次聽，就覺得傷心，又覺得生氣。我有時候會氣妳，為什麼不會好好照顧妳自己？為什麼要給自己找麻煩，聽我的話去做事就好了呀？

妳說過，我跟妳溝通不良。坦白說，我不覺得這很重要，我只要能看著妳，知道妳過得好就好。在我們那一代，物質生活能滿足就很好了，哪裡還能照顧到心理上的需要？

其實，我覺得我還算是不錯的媽媽，可是，不知道為什麼在妳眼裡，我就這麼不好?!所以我也很不高興，覺得妳們現在對媽媽的要求提高很多，我敢說，很多我這個年紀的媽媽也都做不到！

跟孩子做朋友？那只有很閒的人才可以吧！

不過，妳知道嗎，我也很需要妳的肯定！妳大概以為，只有當子女的需要被肯定，對吧？

妳有來了解我嗎？妳知道我以前嫁到這個家，婆婆說什麼我都不敢吭聲，還要照顧她，還要被她嫌，還要裝作我都沒有委屈，這樣才不會惹人閒話！

我自己的苦水都往肚子裡面吞，為什麼妳以為妳的苦水，我就有辦法都接受？妳以為我是神嗎?!

很多事情，妳都不聽我的話，我真的很不高興，難道我會害妳嗎？是家人才會跟妳講難聽話，外面的人都只會客套而已，結果妳竟然相信外人，不相信我？

妳說我跟社會脫節，我要跟妳說，人性都一樣啦！我也認識很多人，時代再怎麼變，人很難變。我只是沒讀多少書，講不出大道理而已。

妳是我女兒，我當然會照顧妳，而且已經把妳養大了。可是，妳好像都不知道，妳也要照顧我，妳也要對我好，妳也要給我安全感，讓我知道以後我可以依靠妳。

說實在話，將來我生病，我都不確定妳會不會常回來照顧我？妳有妳的家庭，妳也有不少開銷，說不定，妳將來直接把我送到養老院，妳覺得我會心甘情願嗎？

親人好像不該算那麼清楚，可是，我要告訴妳，如果最後我會在養老院過到死，妳覺得憑什麼我要對妳這麼好？

妳有沒有想過，妳覺得我不是好媽媽，妳就是好女兒嗎？我講的話都不聽，然後又希望我聽妳的難過，妳會不會覺得有一點矛盾？

我這輩子，就這樣度過了。我常常很失望，但是我也只能這樣。妳們現在可以追求很多事，我在那個年代，就只能乖乖待在家裡，被人家嫌，還不能吭聲！現在妳也要嫌我，我只能說對不起，我也不能多說什麼，多說一點又被講成碎碎念。

做人很難，做妳媽媽更難。下輩子，換妳做我媽媽，我來做女兒，這樣可以嗎？

媽媽

生悶氣

國小的孩子對於「生悶氣」的涵義，有些半懂半不懂。國中的年輕人，大致上都沒問題了。不過，大部分的孩子，不論國中、小，被問到知不知道父母曾經「冷戰」，大部分並不知情。

生悶氣，其實不見得不好。剛開始，我們不知道該怎麼適當表達自己的生氣，當然先悶著。但是，生悶氣久了，像毒素，一直干擾自己的生活。

孩子們生悶氣，大致上一天就結束，比較少見的，能持續約一個禮拜。如果長期被同儕排斥，那是跟同儕相處多久，就算是悶多久。

生悶氣，除了情緒要常想辦法解套之外，最主要是，問題可能沒解決。問題沒解決，生悶氣不但沒用，久了還會壞事。

生悶氣久了，其實通常用冷戰來談，特別是在關係中的兩人。一位年輕人說，父母都沒生悶氣，直接「生熱氣」，常吵出來。其實，冷戰是常有的事，只是年輕人可能不夠敏感。譬如，吵出來之後，短時間之內，問題沒改善（這也是常有的事），難免再冷戰一段時間。

冷戰久了，會像是把人的精力，在不知不覺的情況下漸漸消耗了。大人之間的冷戰很可怕，孩子們大概很難想像，可以以「年」為單位。冷戰雙方，十年不見，或是見面也鮮少互動，並不是沒聽過的事。

當維繫關係的精力被磨光了，心灰意冷了，感覺在關係中累了、倦了，這時關係裡的溫度，就再難提升了。除非外力介入，或者重大事件發生（像是冷戰的原因消失了），否則，單單靠已然無心無力的雙方，關係難以回天。

不過，冷戰最可怕的是，就算當初冷戰的原因消失了，由於冷戰的習慣已經養成，或者冷戰過程中，又累積了新的情緒。最讓人遺憾的關係，是雙方都知道不需要冷戰，但是都拉不下臉，又找不到出口，只能讓慣性依舊。

別以為冷戰中把氣悶著，就沒事了。在一個家庭裡面，大家都要見面，冷戰雙方為了避免互動，常花費更多精力，旁人也陪著受累。

像是我認識一個家庭，父子經年不說話。媽媽得要常常在旁鼓舞經營，才能勉強維持一個家庭的正常互動，過年過節，父子才能有表面上的和平相處。

夫妻雙方冷戰，年紀小的孩子，常會覺得氣氛怪怪的，誤以為是自己的關係。事實上，夫妻雙方的爭吵，也確實常跟孩子的教養有關。孩子雖沒加入冷戰的戰局，但在情緒上的受累，難以避免，甚至常常造成孩子在行為上的困難。

要解決冷戰的問題，說起來容易，但做起來難，就是雙方都要有適當的情緒管理與解決問題的技巧。然而，在某些文化氣氛下，不喜歡面對衝突，那麼，要開啟相關的互動溝通，就更顯得困難了。

有些特殊關係，冷戰也難以避免。像是，在公司行號裡，上司、長官隨個人喜好，對下屬、員工發脾氣，很多時候，居下位者縱然有氣，也只能悶著。坦白說，有時上位者也知道，但是他也不管，反正他個人情緒發洩完了，他個人的要求，其他人能配合，他就算目的達到了。至於居下位者的情緒，有心力就關心一下，表現出領導者體貼的風範，沒心力就隨他去，反正還能找到其他人來應徵。

生悶氣，就有點像喝悶酒，借酒澆愁愁更愁，不但心情沒更好，又有害身體健康。冷戰的雙方，即便表面上好像沒有衝突，事實上看到對方，壓力就來。所以我形容像毒素，排泄不掉，就繼續傷心也傷身。

冷戰的日子，真的很不好過。但是不冷戰，有些人還真的不知道該怎麼過！我帶著孩子從小學習，怎麼面對自己的情緒，如何跟人溝通，希望孩子們在人生中少生點悶氣，減少跟人冷戰的時間，多一點享受關係中的美好。

事實上，有些孩子，從小非黑即白。討厭一個人，就很難跟他建立關係。我跟孩子們互動一段時間之後，慢慢這些孩子會多一點彈性，即使討厭一個人，但是知道如何把注意力聚焦在讓雙方都能接受的部分來互動。

曾經在關係中受傷，才知道珍惜關係現有的美好。這美好儘管並非完美無缺，靠得是，關係的雙方都了解維繫關係的意義，才能遇挫折又能堅持下去。

有必要那麼客氣嗎

最近剛好有朋友跟我聊到尊重的話題：「有必要對孩子講話那麼客氣嗎？一定要用商量的、用溝通的嗎？我們那個年代的父母，都用命令的、罵的，我們還不是長那麼大了？」

我簡單問了一句：「你希望教出來的孩子，是被認為有教養的孩子嗎？你認為是誰要先做孩子的榜樣與模範？」

這個部分朋友沒意見：「對啊！當然是父母啊！」

通常一個講起話來有教養的人，語氣會比較客氣，不管是對長輩、平輩或晚輩。平常一般大小事，懂得商量與溝通，尊重大家的意見。不過，那也不是遇到什麼事都這樣，像是遇到擺明了要欺負人的狀況，語氣上還是要堅定，甚至大聲都有可能。

一個人講話比較客氣，平常比較不會無故惹麻煩，家庭氣氛也會比較和諧。有話就好好講，通常不會剛好一直都有人來欺負你，或者想辦法佔你便宜。

像我在臨床情境，遇到各式各樣的人，其中不乏有情緒很敏感的人。講話稍一沒注意，就會被解釋為不尊重他，要不然就可能會當場發飆，要不然就是心裡默默記恨，下次就不來了。有時候溝通莫名其妙觸礁，這也是原因之一，只是我們自己不知道而已。

講話比較客氣，通常這個人的情緒也比較穩定。反過來說，如果在臨床上，我們看到一個家庭裡，講起話來就大小聲，很容易生氣或者出現敵意，那這個家庭成員通常比較有可能罹患相關心理疾病，因為高張的情緒表達是一種壓力源，對任何人來說都是這樣，包括講話最不客氣的那個人。

一個人如果講話常帶刺，通常別人的話也聽不太進去，或者根本比較少人願意跟他講話。這樣就少了學習的機會，很多事也沒辦法就事論事地談，帶太多情緒，容易模糊焦點。

客氣，是因為在溝通的時候，對溝通有幫助。換個講法來說，就是注意禮貌。對外人注意禮貌，並不代表對家人不需要，也不代表對孩子不需要。

一個人見多識廣，會像飽滿的稻穗，身段柔軟，懂得謙虛，說起話來不用大呼小叫，有時候這樣做起事來比較方便。遇到半桶水響叮噹的人，講話很不客氣，也不會那麼介意，也不一定要別人對我們惡言，我們就要回以難聽話。有些人，真的不值得花時間在他身上，降低我們自己的格調，寧可把握時間來照顧自己更好。

有必要那麼客氣嗎？其實不見得是我說了算，重點要試驗過之後，才知道效果。不能說自己只會用很難聽的方式，不會用商量溝通的語氣說話，就否定這種方式。有些人，對他客氣，他就會覺得你好欺負，對你不客氣，面對這種人當然我們要先學會保護自己。

可是，面對孩子，真的比較少孩子天生是來欺負人的，我們好好說話，至少賺到一個我們自己的情緒穩定，家庭氣氛比較和樂。然後，如果孩子也學著我們的榜樣，會對我們父母講話客氣，那是他有教養，那是他自己的福分，這種人，在現代社會上是很值得敬重的人物。

每一次，當他傷害我時，
我會用過去那些美好的回憶來原諒他，
然而，再美好的回憶也有用完的一天，
到了最後只剩下回憶的殘骸，
一切都變成了折磨，
也許我的確是從來不認識他。

——————**村上春樹**

妳知不知道？妳讓我覺得我很沒用

她是大姊，他是老么，所以兩個人搭配得天衣無縫。一個喜歡照顧人，一個喜歡被照顧，各取所需。

雖然一直不被看好，特別是女方的親友，覺得女生的條件實在不錯，為什麼會看上他？她倒是很清楚知道自己想要什麼，她喜歡他的浪漫跟藝術家氣息，她的薪水夠養活一個家，她希望支持他做他想做的事。

這個狀況有了改變，是在女兒被診斷為發展遲緩之後。因為女兒的語言比較慢，這跟爸爸小時候的狀況很像，他突然非常積極，想要做點什麼。她則是如同之前，凡事都打理好，不期待他能幫上什麼忙。

這中間的溝通，起了些口角衝突，好像小男孩突然一夕之間長大一樣，很期待她多放出一點空間，多給他一些信任。她則不能理解，為什麼不能按照以前的模式？替他把事情做好，有什麼不對嗎？

他的一句話，讓她突然醒悟，「妳知不知道，妳讓我覺得我很沒用？」

她才自省，她似乎很享受那種，沒有她不行的感受。她忘了，老么當了爸爸，也會想要扛起責任，學習照顧孩子。

這一次，兩個人把生活中的種種，從情侶到夫妻，大大小小前前後後的互動，幾乎重新翻了一遍。有一度，幾乎感覺家庭破裂近在咫尺，這段時間大約過了幾個月。

心理學大師卡爾．榮格曾說：「如果我們克服了最強烈的衝突，我們會獲得一種不容易被撼動的安全感與寧靜的感覺。要產生這些有益且持久的感受，正需要這種強烈的撞擊與火花。」

幾個月之後，女兒的療癒步入正軌，也看到了初步的進展。爸爸擔負起協同治療的角色，媽媽則依然忙碌於職場與家務。爸爸其實適時承接了這個家庭多出來的壓力，這讓媽媽的生活沒有太大的變動，卻看到了爸爸的成長，還有女兒跟爸爸之間關係的改善。

衝突之後，彼此關係更緊密。媽媽說，她不知道他有這樣的潛力，她錯看了他，但她當初跟他踏上紅毯，確實是對的選擇。

她體悟到，原來「為母則強」這句話，讓她不敢軟弱。而她先生則釋放了她的壓抑，讓她可以在某個部分，學習依賴她的丈夫。

雖然，她還是比較習慣照顧人的角色，可是偶爾可以被人照顧的感覺，真好！

你現在高興了吧

我認識一位長輩，講起話來，常要帶著許多情緒。我年輕的時候總不懂，為什麼要用這麼多情緒，讓大家都不好過？

像是，孩子如果弄壞東西，他就會說：「就叫你不要玩，你看吧，壞掉了，你現在高興了吧?!」

「你現在高興了吧?!」這一句我印象很深刻，因為通常講這句的時候，沒有人是高興的。話中常隱含著，好像對方是故意這麼做的指控。這句話，是為了讓孩子更有罪惡感嗎？還是，是大人因為自己的話之前沒被重視，所以現在可以趁機讓孩子多一點挫折，讓自己的情緒得到平復？

不管我怎麼想，我想不太到這句話的好處。我也不知道，這句話對解決問題有多大的幫助。所以，我把這句話，或這種話，當成是情緒話。這跟單純表達自己的情緒，來促進溝通不一樣，情緒話不夠直接與具體，而且通常會傷人。

類似的例子有，孩子不聽勸，結果跌到樓梯下。大人說：「活該，誰叫你不聽我的話，摔死算了！」

在我的認知裡面，講情緒話是為了自己，通常是為了宣洩自己的情緒，不是真正為了別人。通常以負面情緒居多，對解決問題沒太大幫助，在大多數的情況下，不但破壞關係，也製造更多問題。

對我來說，類似的狀況，我會這樣處理。

「你把東西弄壞了，你會不會修？能不能找人幫忙修？如果不能修，你要拿你的零用錢出來賠！然後，要說什麼話道歉？」

如果牽涉到他人，就請他人發表意見，「你希望他怎麼做？怎麼做你才不會那麼生氣？……」讓孩子清楚他的行為與後果，鼓勵孩子承擔責任。

第二種狀況，我會這樣處理。

「很痛齁……剛剛你沒有注意看樓梯，所以跌倒了。如果頭暈要跟我講，這有可能是腦震盪，想吐也可能是……走慢一點，會比較不容易跌倒！」

不管怎麼處理，都不需要太多的情緒話。情緒話多說無益，為什麼還要說呢？如果我們不把自己整理清楚，注意自己的言行與背後動機，任由情緒亂跑，我們就有可能說出不少情緒話。

不只是親子，像在愛戀關係中也是，如果真心不想分手，別動不動就把分手掛在嘴邊。偏偏，這麼簡單的道理，還是有人在情緒來的時候，忍不住又把這兩個字嚷嚷了起來。真的分手了，又氣對方絕情，氣自己愚笨。

情緒需要理智導引，可是，這需要不斷地練習。譬如，每天反省自己的言行，就是一種練習的方式。

不知道各位朋友，還能不能想出其他很經典的情緒話，常製造問題，而不是解決問題？

這些話，如果曾經傷到你，請好好疼惜自己。如果傷到了他人，至少要在自己的心裡說聲對不起。

你這個人很固執耶

她要她先生改變，氣他，說他是個沒感覺的人。為了他的生活習慣，小地方的清潔沒到她的標準，開始不高興。他有話直說，沒幾句甜蜜，她常覺得他態度不好。

她本來負面情緒就多，但這陣子，是爆發最明顯的一次。她能講心底話的朋友不多，所以大部分的情緒都往先生那邊去。

「他每次上完廁所，都沒想等馬桶沖乾淨再走，不知道在趕什麼時間。幫他拿個東西，他說，他已經跟我講過好幾次，他自己來就好，態度很差。我真的搞不懂，我這樣幫他，他還不滿足……」

「我想確認一下，妳第二件事是說，他好幾次請妳不要動的東西，妳還是動了。然後他態度不好，讓妳很不高興。」

「對啊！起碼態度可以好一點嘛……」

「我再確認一下，他請妳不要動的東西，妳還是動了，妳的理由是……」

「我就是想幫他嘛！他這個人就是這樣，幫他忙他還不高興，還常拒絕別人。我都跟他說，『你這個人很固執耶！』拒絕別人的態度也不會好一點，這樣我很下不了台耶，他也知道，我的臉皮很薄！」

「所以，他要為妳的心情負責，他把妳的心情搞糟了，是這樣嗎？」

「對啊！要不然呢？」

「我再確認一下，妳一直強調他『態度不好』，是怎麼不好？」

「他很少當面說謝謝，比較常用 Line 跟 FB 的私訊寫謝謝。我覺得他很敷衍，像我就會當面說謝謝。然後，拒絕別人的時候，最好先感謝別人的好意，不要一下子拒絕！」

「我再確認一下，聽起來，妳很常跟他抱怨，他也這樣對妳嗎？」

「沒有啊！他很少跟我抱怨，大部分都做他自己的事，很少理我！」

「所以，我總結一下，妳覺得他很多地方沒做好，常跟他抱怨，覺得他態度不好，又拒絕妳的好意，不太回話。所以，妳心情不好，都怪他，是這樣嗎？」

「不是『都』怪他啦！我也有一點責任，可是，他確實要負很多責任！」

「他有常責怪妳嗎？」

「很少，他大部分都不太跟我講話，他的講法是，他要讓我做自己！」

「所以，他給妳很多空間，可是妳希望他照妳的方式生活，是這樣嗎？」

「當然不是！你這樣講得，好像我要求很多一樣，好像我不對。雖然我的要求不少，可是我是為他好，他如果態度好一點，就會更好！」

對話到現在，我覺得她的自我覺察好像不是很清楚。簡單來說，她希望她先生按照她的方式生活、互動，即便她先生沒什麼大錯，可是很多小地方，都達不到她的標準。而且要求很單向，主要是她要求先生，先生比較少要求她。

很多細節，我來不及確認，也沒時間多談。我只好拿我們之間的關係，來冒一次險。

我問：「妳如果不要求這麼多，然後接受妳先生可以用Line跟FB表達感謝，他請妳不幫他的事，妳就真的不幫他。那妳們之間會怎麼樣？」

「如果我能真心這樣想，也都能做到，應該我們都會很快樂吧！可是，我覺得很難，因為我還是希望他按照我的方式注意生活的細節，還有講話的態度，我覺得這是做人的根本。」

「所以妳的要求，比妳們之間過得快樂還重要？」

「不是這麼說啦！不過，做人就是要有原則，難道，你做人都沒原則嗎？」

我感受到她的憤怒，也許她慢慢把我投射成她先生了。我沒急著回應，等了一下，然後慢慢地說了一句：「妳這個人很固執耶！」

她像是傻住，因為我用她的話來講她。又像是憤怒，我猜，是因為我「態度不好」。她講了一聲「謝謝」，轉身就走，留下尷尬的空氣，我則準備收拾好我的心情，繼續過我的尋常生活。

形式上的道歉反而讓人生氣

她問我，該怎麼面對她媽媽？

她媽媽重男輕女，哥哥一樣有錯，但是她當妹妹的，反而年紀比較小，處罰更重。她媽媽在一個大家庭當媳婦，有很多不為人道的辛酸，她媽媽壓力一來，就會挑她小錯，藉著打她發洩情緒，一邊打還一邊跟她訴苦。那種瘋狂式地打，以現在的標準來說，大概就是兒虐了。

她說，有時候想想，這樣真的很變態。可是，她也因為長大了，懂得了媽媽當時的處境，媽媽本來就是情緒管理不好的人，又遇上了苛刻的環境，理解了媽媽，也開始能釋放過去對自己的不合理的怪罪。然而，她沒辦法那麼容易，就放下多年對媽媽的痛恨。

她現在是個生活得還不錯的人，工作穩定，有自己的家庭。她因為以前的遺憾，很在意親子關係，所以她也很慶幸，自己跟孩子關係還可以，幾乎不打不罵，像朋友一樣。

可是，她媽媽跟她哥哥一起住，常打電話來抱怨哥哥對她的態度不好，沒有好好照顧她。說實在，當她接到電話的時候，每次聽她媽媽訴苦，就回想起過去的經歷，總是聽沒多久，就找個理由掛電話。

她媽媽還曾經要求，要接她過去住。那怎麼可能？以她媽媽的個性，絕對是鬧得全家雞犬不寧。

她媽媽還跟她說，畢竟養她這麼大，沒有功勞也有苦勞，還跟她道歉，說以前管教她的方式真的很不應該。她聽了覺得不忍，心軟了，一個媽媽跟自己的女兒道歉，好像這樣也夠了，是不是該試著包容她媽媽？雖然基本上高中之後，她就是靠自己的努力，上學與生活，可是，至少生育之恩，這沒辦法否認。

所以，她只好打電話給她哥哥，了解她哥哥是不是真的如她媽媽所說的那樣？結果，天啊，她哥哥說，她媽媽幾乎每天都在講她的壞話，說她不孝，從以前就是賤骨頭，就是不聽話……

她聽到她哥哥的說法，像被雷打到一樣，她媽媽背地裡把她講得這麼不堪，有些還不是事實。虧她還為了媽媽的道歉，感到愧疚。

有些人的道歉，只是一種手段，那是一種形式上的道歉。知道自己不對，一、兩句就想幫自己開脫，然後，他道歉了，你不接受，就好像是你肚量很小。這種道歉，根本不真心，只是為了他自己的好處，好處如果一拿到，他就可能原形畢露。有些人的道歉，細究起來根本莫名其妙，他根本連自己的錯在哪，都不知道，但是裝出一副可憐樣，就希望對方心軟，好讓他能再利用一次這樣的關係。

這種形式上的道歉，如果被對方覺察，那通常是更生氣。利用對方的同情心，來進行接近勒索的行為。

她知道，目前她還做不到，根本連接媽媽的電話都不想接了，怎麼可能讓她過來住？她知道，她還需要很長的時間，來教育自己、療癒自己。期待真有哪一天，她能夠心平氣和地面對她媽媽，真的盡到子女應盡的義務。

我不相信你了

在情愛關係裡，隨著時間的累積，給了對方強大的信任。這份信任，有時還會超越對自己的父母，似乎像一種託付。

然而，對方可能一次又一次地辜負，讓我們擺盪在期待與失落之間，逐漸消融了關係中的信任。在寒心之後，我們終於在心裡默想，或者直接跟對方說出口：「我不相信你了！」

當這句話冒出心底的時候，常伴隨著強大的痛苦。

當孩子對父母講出「我不相信你了」，我想，這樣的痛苦，也許無法以稚嫩的表情充分展現，但我相信不亞於情愛關係中的絕望。因為父母是孩子的天，是孩子活下來的重要依靠，孩子對父母絕望，像天塌了、像可能活不下去了一樣。

當然，這是在心理層面，而不見得是在現實層面。孩子失去對父母的信任之後，可能會出現情緒不穩、茫然困惑，嚴重一點的，除了傷害自己，甚至增加身心疾病的可能性。

像是我最近聽到對大人說出「我不相信你了」這句話的孩子，常感冒，又會莫名其妙發脾氣。連在學校的適應狀況，都出現了問題。

孩子的主要照顧者，喜歡以「騙小孩」為技巧，讓孩子莫名其妙地、趕鴨子上架地，配合大人的要求。譬如，騙孩子要帶他去玩，結果竟然是去上課；騙孩子要買某樣東西給他，結果是拖著拖著，一直等到他忘記為止。

等到這樣的孩子，長大到有反擊的能力，可以進行邏輯清楚的思辨、可以說出難聽的話、有不亞於大人的行動力，那個時候，也許就換成主要照顧者感覺到絕望了。那個時候，主要照顧者還有可能一直罵孩子不孝順、不知感恩，而不知所以。

最近跟家長們講到，騙小孩雖然很輕鬆、很方便，速度也快，卻會付出一定的代價。有時候，大人以為把孩子騙過了，殊不知，孩子也會有簡單的記憶力與思辨力，知道自己被騙了，只是沒辦法表達出來而已，但卻有可能產生沒來由的負面情緒。

有些大人會一直催眠自己，騙小孩，反正孩子也會忘掉的。那麼，請這些大人自己問自己，大人自己一直被騙，有可能會忘掉嗎？真的忘掉了，那種被愚弄而產生的負面情緒就會消失嗎？

我想再請教一次，事件忘記了，情緒也跟著忘記了嗎？

我還有什麼好說

朋友告訴我，他們家裡的長輩的故事。

老人家平常的生活悠閒，帶著一個孫子作伴，日子也不無聊。孫子已經懂事了，大部分時間去上學，放學之後老人家帶著，也不需要照顧太多。

不過，不知道是老人家需要孫子多，還是孫子需要老人家多？老人家好像多了一個傾訴的對象，孫子乖，就是默默聽著，偶爾回應、點點頭。

老人家講話的內容，實在兒童不宜。就是把每個認識的親戚，還有自己的兒女媳婦，全部抱怨一遍，包括孫子的父母。然後，話講到激動處，還會喃喃地把髒話說出口，像是「他×的」、「他×的B」。

然後，對著迷茫的孫子說：「阿嬤對你這麼好，以後要孝順阿嬤，知道嗎？」、「不要像××一樣，只知道做『妻奴』，有了老婆就忘了老媽……」

孫子不懂，就是微笑著，老人家的情緒就好像被認可一樣，獲得療癒。老人家的子女，勸老人家這些話不要在孩子面前說，老人家回應：「要不然我還有什麼好說？」、「那要不然你來聽我說？」……

一個人的一生，最後剩一句，「我還有什麼好說」，真是悲哀。抱怨、抱怨……抱怨者的人生只剩下抱怨，她的快樂，只剩下有人來認可她的抱怨，讓我想到了抱怨的最高境界。

抱怨者的抱怨，就是一種消磨人生的方式。一般來說，會引來更多負面情緒，會惹人厭，也開始一點一點忘記生命中曾有的美好時光。抱怨者的最高境界，是把自己的人生，真的過成像自己抱怨的那個樣子，然後藉著像老人家這樣的方式，讓下一代也往這樣的人生方向前進。

當然，最高境界是種反諷的說法，但是更反諷的是，即便老人家可能知道自己的行為不應該，可是她依然縱容自己。縱容自己的負面影響力，可能在自己所愛的人身上發酵壯大。

一個人老了，卻為老不尊，這還值得被後輩尊重嗎？這是朋友問我的問題。我沒辦法回答，這是我們文化中存在已久的問題，讓好多家庭為此頭痛。

我常想，一個美好的老年的樣子，不是腰纏萬貫，不是名震江湖，而是心平氣和。可以持續為了生活努力，也可以悠閒享受老年生活，或者即便老病纏身，但也心平氣和，那便是我目前的追求。

把部分當成了全部

有一位朋友，講到在我這邊聊一聊，真心覺得自己實在不需要為了一些小事，就跟孩子打壞關係。可是一回家，看到孩子便當盒又沒放到水槽，功課還沒做就開始看電視，要他去洗個澡也慢慢吞吞的……情緒一上來，就忘了在我這邊默默許下的承諾，又開始劈哩啪啦罵小孩，母夜叉上身。

她問我，其實她真的有那個心，想跟孩子好好相處。她也知道，如果按照她自己訂的標準，她要不對孩子發脾氣很困難。可是，要她放下她的標準，她真的做不到！

我問她，那是什麼感覺？她說，很挫折、很氣、很煩。

我問她，那孩子回到家是什麼感覺？她想了想，應該也會很煩、很挫折，因為他常做不到，然後，被處罰的時候，應該是很氣、很害怕，或者難過……

她突然停頓，看著我，我也等著她。然後，她說：「老師你是故意想讓我知道，我的孩子跟我有很類似的感覺嗎？都是達不到一種目標的感覺嗎？」

我說，我沒有這麼聰明，我也不可能預先知道她會怎麼回答，更不清楚她能這樣頓悟。

不過，如果在親密關係裡面，通常我們有負面情緒的時候，對方的情緒不會正面到哪裡去，這很自然。

然後，罵人的人、被罵的人，都為了一個暫時達不到的目標而受苦。我問，她還想為這個目標，跟她的孩子一起互相折磨多久？

她說，她當然立刻就想擺脫這種狀態，可是以她的個性，大概會唸到孩子不住家裡為止吧！她無意中又補了一句話：「因為我媽也是這樣……」

她又停頓了，這次我大概知道她在想什麼，就不講話干擾她了。當她再說話的時候，好像明白了什麼：「對，我來這邊的原因，就是因為我很不喜歡我媽這樣，結果我現在又對孩子這樣……」

機不可失，我問她，在她是小孩的時候，被媽媽管，心裡在想什麼？她說，就很不喜歡媽媽這樣，小事也要管那麼多，時間到了她自然就會去做，不需要她媽媽催。

我再問，她媽如果只提醒她不念她，她小時候真的會去做嗎？她說，應該不會，至少不會馬上去做。如果以她對自己的了解，大概就是功課寫不完，隨便洗洗澡，便當會裝死不想放水槽……

我繼續問，這樣會很嚴重嗎？她也很坦白，她換了位置就換了腦袋。她小時候覺得不嚴重，現在會覺得有點嚴重。

我說，如果放手一個禮拜，就只有提醒，沒有處罰，當成實驗，她會覺得對孩子的人生有「毀滅性」的影響嗎？她說，不會啦，沒那麼嚴重啦！

我說，如果這是家庭作業，她願不願意試？她點點頭。

這個作業，是給她的練習，讓她練習面對自己的情緒，那種怒氣被充飽的感覺，那種可能被他人責怪的尷尬，那種覺得自己沒盡到責任的罪惡感。然後，這些種種感覺襲來的時候，告訴自己：「這些感覺只是我的一部分，不是我的全部！」

當我們太過投入，我們常把部分當成全部。我們沒有經過練習，就不清楚，原來，我們還是有能力選擇不讓部分牽著我們的全部走；原來，在關係中，對方沒有達到我們為他設定的目標，其實沒那麼嚴重。

榮格說：「所有別人惹惱我們的事情，都能讓我們更了解自己。」

優雅媽媽是一種夢，只要動動嘴孩子就會主動去做，這個狀況很少見，請趕快醒過來吧！真正的優雅，只在我們的內心，能應對自己的情緒，讓母夜叉退散，那時優雅才會現身。優雅是自己的，不見得跟別人有關係，也不見得孩子就會變乖，但是通常會讓關係可以再好一點。

爲什麼你不跟我談

他對家人說：「那為什麼我要跟你談？你想談我就要談嗎？」

他是個很不會聊天的人，他只會一直講自己想講的話，別人的話都不太有耐心聽。他覺得很煩，他的家人則覺得，跟他相處很困難，因為不談，很多事都不知道該怎麼辦，直接幫他做決定，他又不高興。

有時候，一個人不想談，是因為表達能力不夠。情緒敏感度不佳，連自己的心情都搞不清楚，特別是在負面情緒的互動交流方面有點困難，讓別人常不知道他在想什麼。

有些人講話沒有重點，枝枝節節的，要他人幫忙拼湊。有些人常沒辦法理解他人的話語，答非所問，講話很容易失焦。

有些人不知道自己想要什麼，可是又不想為自己負責任。所以很多事都要別人猜，自己只要負責否定或肯定別人的意見，自己不高興就怪罪別人，錯都在別人身上。有些人的狀況更嚴重，是別人怎麼做都不對，但是他自己又提不出意見。

有些人不想談，是有方向性、選擇性的。對自己不利的，就不談；自己覺得麻煩的，可能要改變自己的，就不談。這樣的人，可能只想佔便宜，只想從別人身上撈到好處，或者都要別人配合自己改變。

有些人不想談，是因為時間還沒到，想自己靜一靜。特別是傷心難過的時候，想要一個人先理出頭緒，很不希望在別人面前失控潰堤。他需要的是時間，有時候他所需要的時間不長，但有時他可能需要的時間超乎想像，到最後他也忘了要談，別人也忘了問。

有時候，一個人不想談，是找不到適當的對象。有些人，需要比較強的信任關係，才願意吐露心底的想法。只可惜，值得信任的人可能不多，甚至找不到，也就把很多心底話變成秘密，藏著、憋著。

像我認識有朋友，因為自己的家人就是廣播站、大嘴巴，所以在家裡特別不喜歡講話。因為他只要一講，整個家族就會傳開來，還可能變成茶餘飯後的笑談。甚至有些家人還會逼問、套話，所以有些朋友只好常在家冷著一張臉，連話都很少說幾句。

有些人不想談，是因為講了好幾次，結果問題沒解決，甚至還可能更糟。剛開始對談話的期待很大，結果失落也很大，挫折一直累積，所以情緒爆表之後，乾脆放棄。我認識有孩子，跟家長講到自己被霸凌的狀況，因為家長不太會處理，所以導致孩子被欺負得更嚴重，最後孩子乾脆不說，以免家長又幫了倒忙。

有時候，一個人不想談，是需要先用很多表淺的話來暖身。氣氛對了，感覺到了，那種難以啟齒的話才有機會找到出口。有些人喜歡酒後吐真言，因為沒有酒精為媒介，來鬆懈自己的防衛，他沒辦法忍受那些帶有強烈情緒色彩的言語，一直衝擊自己。

我曾經幫助過一個孩子，他常要先互動一個小時以上，才真正進入可以談話的狀態。那種慢慢溫熱的過程，會讓別人等到差一點沒有耐性。

我自己的工作體驗很清楚，不是每個人都能談。很多無法順暢對話的人，以及他們的家人，都承受著一定程度的辛苦。有時候，換個方式，用寫的、用畫的、用舞蹈肢體、用演的……，都還是可以替代性地表達一些什麼。

如果談話變成習慣，從小培養起，那會有些改善。如果有些人已經長大定型，那可能要去找專業人員試試看。不過，即便是功力尚淺的我，也不是每個人最後都能談，只能盡其在我。

碎碎念背景音樂

有一個新聞，是綁匪綁了一個94歲的阿嬤。阿嬤被綁上車後不停碎念，要綁匪改邪歸正，又因為阿嬤年事已高，身體痠痛，綁匪受不了就丟包了。

一個很會碎念的人，每天念、每天念，是真的有能力念到對方痛苦不堪，神經緊繃的。不過，不管是念人的、被念的，在日常生活中，脫離不了這個僵局，都算是處在一個雙輸的困境。

「反正，他講他的，我就當作沒聽到⋯⋯」

說實在話，類似的講法，我也聽了許多遍了。當一個人一直叨念，大概也是他不知道該怎麼辦的時候。如果講一遍對方就能改變，那也不會有人想要叨念。

「我也不想這樣，念到我自己都覺得很煩了！」

當我跟另一方互動的時候，這也是常有的回應。不過，當叨念變成習慣，不僅僅是沒辦法將問題改善，還會破壞關係，增加新的問題。

沒有人喜歡被叨念，即便是喜歡叨念的人本身也一樣。

「我小時候就很不喜歡被念，我就很不想要長大變這樣……」這是我聽過一位家長的講法。

可是，透過叨念讓人產生精神壓力的方式，進一步希望他人產生行為改變，如果有效，那麼前幾次就會有效了。如果念了N次，對方還是無力回應，那麼這個「念功」，反而會把對方越推越遠。

如果雙方不得已，每天要處在同個屋簷下。那麼被念的那一方，為了維持自己的情緒穩定，就會非自主地把自己的耳朵關起來，像是把碎念者的話當成背景音樂一樣，連帶其他的話都接受不太進去了。

若是雙方的溝通受阻，不只是原本的事件，連其他的事件，都會一起加入累積情緒的行列。在新聞中，也可以看到因為被碎念，而嚴重到引發殺機的例子。

碎念會破壞關係，包括：愛情、親情、友情……偶爾碎念還勉強能當成關心，遠遊的孩子回到家聽到父母的碎念，剛開始也會有幸福的感覺。但是碎念的時間一長，煩躁的感覺雙方都會出現。

要讓對方改變，當然要先自己改變。自己能夠處在情緒穩定的情況，講出來的話，比較能讓對方接收到。如果真的想要對方改變，又不破壞關係，還是要從紮紮實實的讚美與鼓勵開始。

寫到這裡，大概又會有些朋友在心裡碎碎念了。沒關係，我也經過許多次這樣的場面了：「專家常說的比唱的好聽，如果有這麼簡單就好了！」

說實話，一個人要有心量去讚美對方的微小正向改變，特別是看到對方又做出自己不喜歡的行為，那是真的不簡單，對我來說也不容易。但是，與其大家每天在碎念的氣氛下過，不如嘗試多說說好話，就算沒有效，也很難有什麼傷害。試試吧！

落井下石式的教養

我這輩子大概很難忘掉，那位爸爸對孩子輕蔑訕笑的眼神與嘴臉。

那孩子是我小時候的鄰居，年歲大我一點，我去他家玩。印象中，不知道是哪樣物品壞掉了，鄰居想去檢修，正在默默懊惱修不好的時候，他的爸爸出現了。我猜是之前他爸爸就教過他檢修的方式，但是鄰居抱著實驗的心態，使用另一種作法，結果暫時還是碰壁了，他爸爸接過手來，三兩下就處理好了，然後對鄰居講出幾近羞辱的話語。

其實，鄰居想要解決問題，鄰居具有實驗精神，在我現在的年紀與閱歷來看，都是值得鼓勵的事。他被爸爸這樣的對待，大概只是因為沒完全遵照爸爸的話。

事實上，在我的工作中，看到孩子沒按照大人的期待做事，而被責備的例子，實在不勝枚舉。事情有很多種作法，能解決問題才是關鍵，多次嘗試錯誤之後，就更能接近成功。

我也曾經遇過，孩子使用了另外的方式解決問題，比大人的建議更快更好，而被大人汙衊：「不知道是不是有作弊？」有人為了維護自己的面子，真的可以不惜以傷害所愛的人為手段。

我常想，懂得創新，是台灣要立足世界多麼重要的資產，為什麼我們在教育的過程中，常常要壓制這個部分？

犯錯，常常是暫時的狀態，最起碼，孩子還有解決問題的動機。結果，因不符期待，孩子自己也挫折的同時，還被落井下石式地對待，連基本的動機都可能一點一滴被抹去。

這「落井下石」，源自於大人的挫折。然而，這挫折，要連同孩子自己的部分，讓孩子雙倍承受。愛一個人，是要給他力量，而不是要在他悲傷難過的時候，落井下石。

祝福我小時候的鄰居，懂得修養自己，讓自己學習寬厚與寧靜。如果不喜歡被落井下石式地對待，那就不用拿來對待自己的孩子（假如他有的話），也要懂得寬容他爸爸性格中還未修養好的部分。有時候，在家長的落井下石中，還能找到一些些對孩子的關懷與不捨。

懂得寬容與理解，如此，他所受的傷，才能轉化為涵養他自己的力量，拿來面對人生中從未停止的困頓與挫折。

請假裝我已經長大了

她又抱怨她爸了，他們本來是好哥們的。自從她進入青春期之後，關係就變了，關於這一點，她爸也是想不通。

她爸說：「洪半仙，我女兒就是每次出門的時候，就要在那邊弄瀏海，到底要分左邊呢？還是分右邊呢？還是平均分配呢？有時候一弄可以弄廿分鐘，全家就要等她一個。我就好心跟她說，根本沒有人會注意，風吹了就散了。」

她接話：「你哪裡是『好心』跟我說，你根本就是笑我。如果我常笑你，你會高興嗎？」

他們父女兩個人，就是愛逗來逗去。以前還覺得好玩，但是現在火藥味越來越重，已經感覺不好玩了。

對了，她爸叫我洪半仙，是因為現在的狀況，我以前有提醒過他，可是他不在意。結果沒幾年，果然像我當初講的那樣，他說我料事如神，去算命應該會賺多一點。他以為開開玩笑沒什麼，結果女兒長大了，正是敏感尷尬的年紀，非常注意外表，他以前的互動方式就出問題了。

我跟他說：「我們當然會覺得，沒什麼人會注意她，這是事實。可是，這不是對錯的問題，是感受的問題。青少年常覺得別人會注意自己，這種心態我們要尊重。」

「她在我眼裡，永遠是小孩子。她說過很多話，自己都做不到，你自己問她，她答應過我每天要洗澡，結果自己還不是常做不到。我不想罵她，只好用笑她的方式提醒她，我已經算客氣了好不好！」她爸為自己辯解。

我跟他說：「你就算怎麼覺得她還是小孩子，你也要先試著假裝她是大人那樣尊重。除非是很好的朋友，要不然，你覺得是開玩笑，她覺得是嘲笑，也許兩個人都對，但結果就是兩個人都處不好，誰對誰錯也於事無補。」

她說：「他要求我的，他自己也還不是沒做到。我很早以前跟他說，他桌上太亂了，他也是答應我要整理，結果現在還不是一樣亂……」

還沒等她說完，他就轉過來對我說：「你看她這種個性，自己的事情管不好，還要管我的事。難道，我現在還要跟她平起平坐嗎？要被她管嗎？你說的對，我就是常亂開玩笑，才讓她現在這樣跟我沒大沒小的！」

他是真的發脾氣了，她也給了幾個白眼。我跟他分析，青少年的邏輯思考會越來越好，我們大人用來管教她的原則，她也會用來檢視我們，我們做不到她就不服，我們做到了她也不見得會做，就是看著辦再說……

我看著她的表情，她倒是沒反駁，還偷偷笑了。

「我洪半仙，生平最佩服能屈能伸的大丈夫……」我的玩心也起來了，一邊模仿毛毛蟲一伸一屈的動作，一邊說：「你知道嗎？你就是不會屈，被自己的女兒管很丟臉嗎？她今天管你，現在是為了讓你方便找桌上的東西，以後等你老了，她還會管你的健康，管你的安全……哇塞……幸福捏……」

我今天有點 high，或許很久沒看到他們感覺很高興，也或許是幽默能解除僵局。還好，我的玩笑好像不算太過頭，他們的表情都算和緩。

我說：「我沒辦法跟你們聊太久，把她當大人你 OK 嗎？要不要我教你，不過我教你一招，你就要給我五塊錢……」

他笑嘻嘻地作勢要掏錢，我說：「等一下，我要漲價，五塊錢太少了。我先教你一招，免費贈送。就是講話要客氣，多用商量的語氣，關於生活自理的部分，提醒就好，罵她可以不必，讓她承受自己決定的後果。如果要用錢，或者其他你能提供的資源，那講話也不用開玩笑，也不用罵，就是她沒做到約定，我們就先不給。」

她插話：「我常做不到，那怎麼辦？」

我說：「『青少年』這三個字不是無敵擋箭牌，既然妳同意的事，妳做不到，父母自然有權力減少對妳的『支援』。就像他們跟妳約定好要做到的事，妳也不會希望他們反悔吧?!」

她沒說話，撇撇嘴，算是不高興地默認了。

「洗澡這件事，就再討論一次，約定好的事也可以在試行之後修正。她可能不想每天都洗澡，那我們可以想想還能怎麼做？譬如，如果當天沒出門，只洗手腳，然後換乾淨的衣服，可以嗎？把彈性放大，很多事就比較好談。」我對她爸說：「外表的事，你可以讓她自己決定，她不喜歡聽，你就試看看忍不忍得住不說。可是『準時』這件事，才是重點，而且，最好你自己也要以身作則。」

我起身要走，她爸攔住我：「你多講了幾招，這樣，五十塊給你，不用找！」

我說：「這五十塊留著，幫她買定型液，說不定她會愛上你。你回家試試看我們今天討論的，如果發現沒效，我還有『大絕』沒放出來，不過，聽一次要一萬！」

他說：「是印尼盾嗎？」

諒解讓關係能長遠

最近常跟朋友們討論，在關係中，如果我們判斷，對方應該對某件他自己的不當行為，所造成的關係裂痕負責的時候，常見的處理方式。朋友們最常說到的，就是不去處理，或者處理之後沒效，就讓自己不去想它。

這其實也無可厚非，尤其是很多關係中的差異，涉及從小養成的個性。用五年、十年的時間來看，個性還是或多或少可以調整。然而，通常我們的負面情緒累積的速度更快，對方個性還沒得及改變，負面情緒所累積的量，便非常有可能導致關係無法繼續。

所以，我們只好不去處理，或者不去想它。有時候，陷在情緒裡面的時候，不斷怪罪對方的時候，我們會忘了我們的心態還是可以調整。

先理解，然後諒解，是我常談到的基本動作。

很多時候，我們對對方的情緒與行為，沒辦法用我們的邏輯思考，就會產生一些困惑，進而產生一些負面的解釋。然後，我們便可能因為我們的負面解釋，困擾了我們自己，即使這樣的解釋方式，可能跟對方的原意，天差地遠。

這時候，理解就很重要。理解有助於減少我們的困惑，讓我們的解釋更為合理。像是有時候，我會分享一些心理學教科書上，會講到的一些心理現象與成因，然後我再試著套到案例上做說明。這個過程，可以讓某些朋友感覺被理解，或理解了關係中的對方，進而產生一些心安的感覺。

有些朋友是開始自學心理學，也會有些收穫。有時候，是藉著某些文字或影像作品，能多一點理解自己、理解對方。有些朋友，則藉著跟人討論，從不同觀點去想同一件事情，也會產生不同角度的理解。

當我們理解多了，我們便能越過我們所看到的情緒與行為，去探討對方背後的動機。很多時候，確實家人之間的互動並非惡意，可是詞不達意，或者個人主觀解釋的不同，讓我們在誤會中厭煩、生氣、難過……

像是最近跟一位朋友談到他爸爸，我們猜，爸爸的情緒，恐怕是因為他常把朋友的行為，跟作為一個爸爸的自尊綁在一起思考。也許，多花一點時間說明行為的背後動機，是一個讓爸爸的情緒稍能緩解的方式。

然後，是諒解。

我在教孩子們人際互動的時候，常會提到，我們通常是跟對方的優點互動，雙方關係比較和諧。知道對方的缺點，有時避開、有時彌補、有時包容，找到我們能互動的範圍，能承受的互動方式，還是可以跟一個人保持關係。一個人有缺點，就不跟他交朋友，那通常我們就交不到朋友了。

我們不能只用一個人的缺點，全盤否定對方，即使對方這些缺點，引發了我們的情緒。尤其是在親密關係中，缺點容易被放大，大到我們認為對方一無是處，罪惡滔天。冷靜一點來看，拉長時間來看，那可能也只是我們當時無法承受，還不知道怎麼應對而已。

缺點不等同於一個人，不適當的行為也不等同於一個人，對方的自我表達也不見得一定是挑戰我們的自尊。諒解能在看清對方之後出現，諒解也最能幫助對方看到他所犯的過錯，卸下讓彼此遍體鱗傷的防衛。諒解也最有機會讓雙方重新出發，再找到適合彼此相處的方式。

關係要長遠，不培養諒解這種能力，會有點困難。當然，我們也可以選擇諒解之後，求得了自己心靈上的平靜，但是不和解，讓關係盡可能圓滿收場，因為我們不見得非得限制自己在這段關係裡面。

只是，有能力諒解，我們便會多一點選擇。研究也顯示，一對夫妻的關係滿意度，跟諒解有關，越能諒解，包容彼此的不完美，願意用有效的方式增進彼此的關係，滿意度通常越高。

諒解可以學習，先從理解開始。

霸凌是種層層疊疊的困境

各位親愛的爸爸媽媽：

最近的新聞讓人沉痛，我想要藉這個機會，跟大家提醒一件事。在所有霸凌事件中，網路霸凌是急遽升高的一個項目。

讓我引述二〇一二年，兒福聯盟的調查：

「約三成左右的孩子曾經在網路上看過暴力霸凌的影片、近四成（37％）的孩子也曾經在網路上看過大家辱罵或攻擊人，孩子的網路世界已充斥暴力的負面訊息。此外，四成的孩子曾在一些批評人的文章，按過讚或是回覆留言，隱然已成為網路的霸凌者，甚至有近兩成（18.1％）的孩子曾經做過匿名在網路上批評或是罵人、2.5％孩子曾經傳過色情圖片，4.5％匿名貼一些假的訊息等違法行為……」

我幫助過的孩子，有些是網路被霸凌者，少數是網路霸凌者。

有時候孩子之所以被霸凌，可以是莫須有的狀況。有些團體是這樣，如果找不到人欺

負、霸凌，這個團體成員就會彼此攻擊。所以，要把情緒的出口對外，找到一個緩解團體內部壓力，又能增加內聚力的對象。

請各位朋友幫我一個忙，請思考我上面講到的狀況，然後，請在輔導孩子的時候，別輕易說出：「為什麼是霸凌你，而不是霸凌別人，你要想想你是不是有什麼問題？是不是需要改進？」

類似的話說出口，對已經承受傷害的孩子來說，無異又是一次重擊。也許，我們懷疑，是不是孩子因為某些社交上的困難，所以成為對象。但是，我們不見得要當場或當下說，或許有時候也不見得要說，解決問題重要一些。像是平常多在社交方面教導孩子，跟孩子的環境有較緊密的聯繫，跟孩子的朋友交朋友……

我們都清楚，約有三到四成的被霸凌者會變成霸凌者。所以輔導孩子的時候，相當困難。特別是霸凌者的家庭功能，常沒辦法協助一起適當地輔導孩子。

這時候，重點不在找怪罪的對象，而是預防下次的事件發生。有時候，霸凌事件也許還沒開始，我們就要注意特定對象，特別是常被全班「公幹」（這是孩子們的說法）的孩子。這種心態很容易想像，反正這個人被全班討厭，欺負他也不會怎麼樣，甚至霸凌者可能被視為英雄。

以正義之名，行欺凌之實，這種事大人也常做。

有一些狀況，是大人帶頭霸凌。這時候，孩子們很容易受到大人明示或暗示，也開始一起加入霸凌的行列。這時候，需要其他大人勸阻，要不然，被霸凌的孩子真的無力反擊。

有些行為，大人以為是開玩笑，但在孩子心中，創傷難以抹滅。不能因為孩子笑笑的就當作沒事，之所以笑笑的，那是他不知道如何回應，又想要藉著偽裝，給自己留一點尊嚴。

我幫助的少數孩子，會對批評人的文章按讚、起鬨，甚至用私訊傳一些髒話。這些都要負一些法律責任，這點我們要提醒孩子。

不過，現在的困境是，很多在網路上罵人的人，事實上也不會怎麼樣，這給孩子留下了示範。有些還像組成團體一樣，到處罵人，自詡正義。孩子想被認同，就會參與。

我甚至也碰過，家長自己就在網路上霸凌其他家長，許多朋友一起在整篇留言串把另一位家長罵得一文不值的狀況。更讓我寒心的，是孩子都看得到，包括被攻擊的家長的孩子。

這是家庭教育、學校教育、社會教育，都難以置身事外的困境。希望從我們自己做起，讓類似的悲劇少一些。

CHAPTER

3

讓關係自在

我需要你來找到我

當我們有個沒被滿足的需求，我們便想要排演一場戲。我們是主角、導演、編劇，然後，我們要找另一個人來對手、對白。

透過對方的存在，我們不至於陷入獨角戲的窘境。

然而，我們的需求如果還是不滿足，就可能會用所有的力氣去怪對方。我們常忘了自己身兼主角、導演、編劇，我們對於自己，責任更重。還有，說不定我們根本沒問過對方，對方說不定從來就不想演這場戲？

我們也許要別人先站好位置，來定義我們自己的存在。還有另外一種方式，我們摸索出了自己的位置，其他人也就各自就位了，然後我們集體創作，時時即興。

讓我們在 Perls 的祈禱文中，學習釋放彼此，了解彼此的互動。這場戲，我們只能參與。至於導演跟編劇，不是我們想做就能做。

我做我的事，你做你的事。

我在這個世界，
不是爲了要實現你的期望而活。
而你在這個世界，
也不是爲了我的希望而存活。

你是你，我是我。
如果我們偶然地發現彼此，
那很美好。

如果沒有，
那也是沒有辦法的事。

〈完形祈禱文〉福律茲．培爾斯

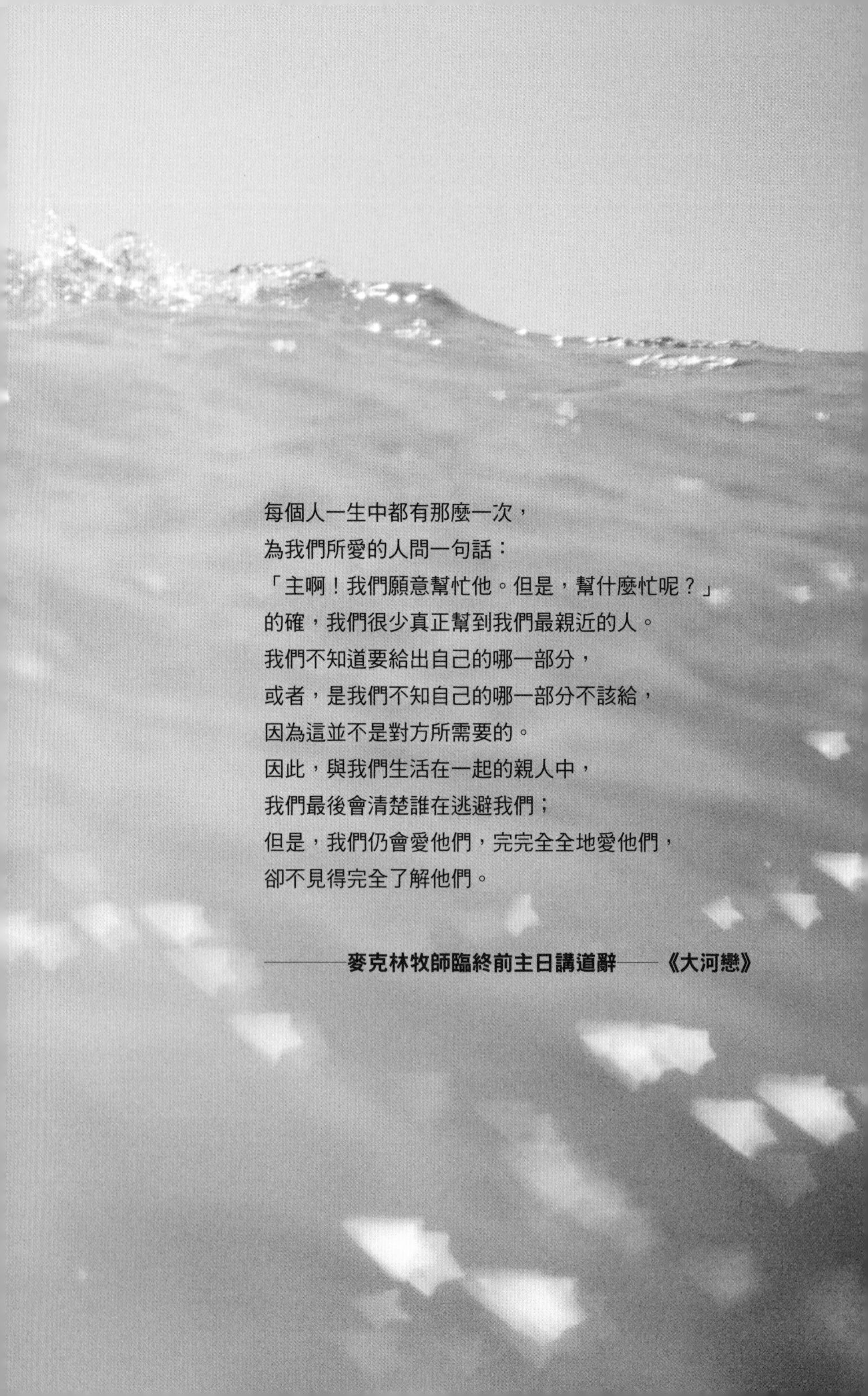

每個人一生中都有那麼一次，
為我們所愛的人問一句話：
「主啊！我們願意幫忙他。但是，幫什麼忙呢？」
的確，我們很少真正幫到我們最親近的人。
我們不知道要給出自己的哪一部分，
或者，是我們不知自己的哪一部分不該給，
因為這並不是對方所需要的。
因此，與我們生活在一起的親人中，
我們最後會清楚誰在逃避我們；
但是，我們仍會愛他們，完完全全地愛他們，
卻不見得完全了解他們。

——**麥克林牧師臨終前主日講道辭——《大河戀》**

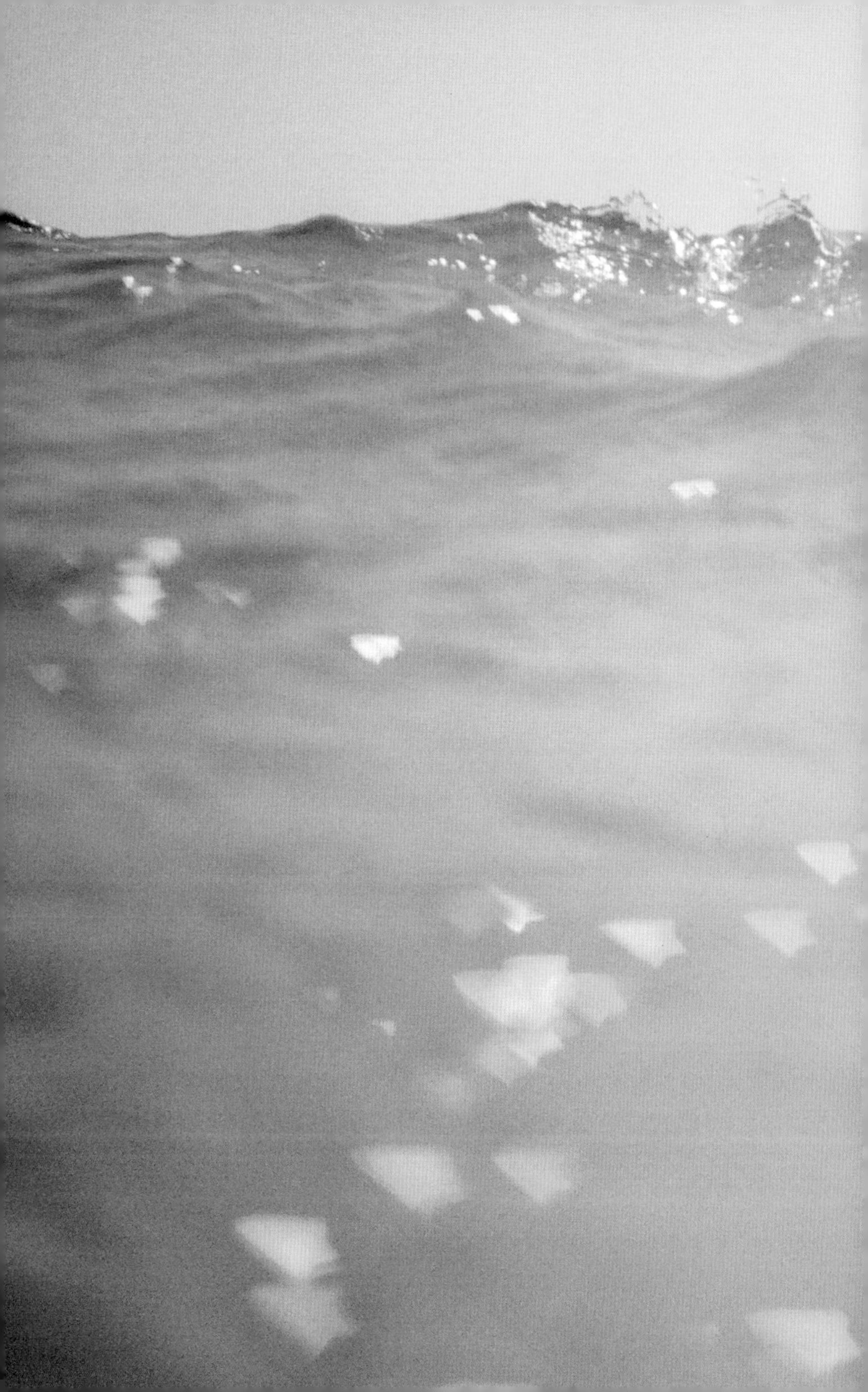

在關係中實現自我

我常思考關係中的共通元素，因為面對家庭議題，基本上我們大部分會碰到的重要關係形式都包括在其中。尤其是最牽引情緒的親子與情愛關係，然後這兩種關係，又在家庭裡相互影響著。

學者在研究哪種嬰兒最好帶的時候，大致上是作息正常、情緒正向、適應新環境快、活動量適中……等這些特質，可以被標定出來。可是，孩子能不能有較好的適應，還有另外一個關鍵，就是家長所能提供的教養或環境，跟孩子的天生氣質之間的互動關係。

簡單來說，與其說討論有沒有「理想」的父母，不如討論有沒有「適合」的父母。就好像，我們心目中的「理想」情人，不見得是最「適合」我們的情人一樣。

先以親子為例。我認識一個孩子，雖然常面對一些困擾，常搞不清楚狀況，也常跟同學有些大小衝突。可是，如果這個孩子，能換個個性開朗，大而化之的父母，也許照顧得沒那麼周全，也沒那麼嚴格要求孩子的規矩與禮貌，可是親子雙方應該會好過許多。孩子會更快樂，父母也更懂得欣賞孩子的優點，會比目前雙方都困擾的狀況好很多。

再以情愛關係為例。我知道一個表面上看似美滿的家庭，但家庭中的女主人，深深地感覺自己被柴米油鹽困住了，她不是不愛家，只是對屬於她個人的成就，她所能開展的能力，很明顯地感到失落與無處表現。於是，她對她那不鼓勵她成長的先生，希望她像傳統太太那樣顧家的先生，日益不滿，儘管她先生，以大眾標準來看是位成功的男性。

令人滿意的關係，常是讓人在關係裡面可以實現自我。其中，對方是不是鼓勵我們成長，鼓勵我們持續追求，是一個具體可檢視的標準。情愛關係如此，親子關係亦如此。

大部分助人領域的專業人員，期待父母能以孩子的天賦與興趣，作為幫助孩子的重要依據，而不是只以父母個人的既定成見，當成孩子生涯規劃的唯一方向。不過，還是可以看到父母強勢主導一切，孩子的學歷雖然人人稱羨，但是過得並不快樂，也對父母非常不滿的例子。

關係常會改變，想要關係恆久不變，除非時空環境不變，但是這只是把頭埋在沙子裡的行為。即便是情愛關係，關係中的一方，承諾對愛情付出，卻不能因此以此綁住對方，剝奪對方成長的機會。

我認識一對夫妻，當時他們還沒小孩。先生上班被主管、同事欺負得很沒尊嚴，可是同樣在上班的太太，卻不顧家庭經濟無虞的現況，大力反對先生創業，害怕家庭的安定受到影響，太太也擔心自己要暫時扛起家庭經濟，一味要先生忍讓。不只不給予支持，還常擺臉色看給先生看。後來先生創業成功，但兩人的關係卻漸行漸遠。

我跟朋友談過，愛你又能讓你做自己，是一種求之不得的愛。我也知道有案例是，即使照顧孩子一輩子的父母，當孩子成年之後，孩子也不見鼓勵父母重新規劃自己的人生，只想著父母盡可能不要造成自己的困擾，不顧父母的感受。

愛一個人，如果時時只想著滿足自己，不願對方成長，害怕對方變化。那麼，這樣的愛，大致上是希望別人來愛我，才願意付出的有目的性的愛。這樣也能維持關係，只是關係中的情緒會自然而然變淡，通常最後只剩形式而已。

關係有各種變化的可能性，當然也可能以分手收場，或者維持著冷漠冷淡。與其如此，不如鼓勵雙方成長，也許，我們沒辦法讓關係更好，但是我們彼此都各自更好了，這也不錯！

關係中的災難四騎士

看到教科書中，心理學家對於夫妻溝通態度，有所謂「災難四騎士」的說法。是講到有四種溝通的方式出現，代表關係面臨重大的考驗。

其實，這四種互動，似乎不只是對夫妻，對其他人際關係，都有破壞性的影響。摘錄如下，並略作改寫：

第一種，批評。這邊所指的批評，涉及人身攻擊，對人不對事，想讓對方閉嘴，就算只是一時情緒，也傷害了對方，更無益問題解決。

第二種，輕蔑。沒辦法以尊重平等的方式互動，看不起對方，嘲諷、不屑，甚至根本搞不清楚對方的講法，就很輕易地否定了他。

第三種，防衛。犯錯時不認錯，惱羞成怒，找各種理由扭曲事實，甚至把黑的說成白的，好像自己才是受害者，轉而指控對方的不是。

第四種，沉默。該溝通表達的時候，透過沉默，表達生氣、拒絕，或者忽視，特別是在討論雙方都需要參與的事務時如此。讓我們自己決定也不是，不決定也不是。

我們可以檢視自己身邊面對的關係，發現有類似的模式出現，也許可以試著把這篇文章轉給對方參考。一時間找不到溝通的默契，這很正常，但至少提升自覺，別讓我們很在乎的關係，最後讓雙方都以不愉快的方式收場，或者說，最辛苦的，大概是已經非常痛苦，但又無法脫離的關係吧，例如親子關係。

他不是我兒子

我很喜歡我的工作，常會碰到一些有智慧的朋友，跟我談一些有趣的想法。有一位朋友，他跟我分享，他曾經跟一位親子關係緊張的媽媽，所聊的一段話。

這位媽媽，不知道該怎麼面對她的兒子。他對她說，可以在看到她的兒子時，心想「他不是我兒子」。他解釋，我們對陌生人，都會有一定的尊重，講話也會有適當的禮貌，這或許可以幫助開展一些互動。

結果這位媽媽，心裡就抱著這個念頭，想著怎麼回去面對兒子。結果回家之後，這個念頭還沒來得及實踐出來，親子關係就改善了，媽媽自己也不是很確定到底發生了什麼事。

當然，這有可能是巧合，也很可能是兒子剛好有了什麼改變。但是這位朋友的解釋，我很認同。他說，有可能是因為在心念上產生了轉變，讓表情與肢體也跟著變化。

我換個角度來說，當我們跟對方的關係觸礁了，與其用原來無效的方式，再繼續產生衝突，累積情緒，侵蝕彼此關係的基礎，不如先把對方當成陌生人。一方面先在情緒上疏遠，給彼此一些空間去思考，還自己一些冷靜。二方面是，至少先停止敵意與爭吵，沒辦法讓互動更好，至少不要讓它惡化、更糟。

曾經有一位中年婦女，為了自己年紀一把了，還跟自己的姊姊處不好，覺得不好意思，又覺得困擾。她形容自己跟姊姊的關係，比陌生人還不如，我抓著這句話，跟她說，那不如先從「把姊姊當成陌生人」的互動開始。別忘了對陌生人的客氣與距離，有時候，距離可以產生美感。

這個過程，可以視為擺脫成見、偏見，停止理所當然的責怪的實驗。負面互動先停止，才能再談增加正面的互動。互動順暢了，善意能表達，情感能流動，陌生人自然而然變回家人或好友。

我很喜歡在治療所跟朋友們互動的感覺，我覺得情境會影響人的互動方式，我們不用太多社交，也不必去管對方的社會地位，就是直接切入重點，在思想上交流，少了很多人與人之間的猜忌與權力角力。不管對方年紀大小、背景如何、年收入多少，在治療所裡面，就是被當成一個人那樣尊重。

這樣的關係，比把對方當成陌生人，更來得輕鬆自在。不過，當然來治療所的朋友，不用跟我一起生活，如果跟我一起生活，也不見得受得了我的習氣與個性。

所以，互動可以有各種層次，也不只有一種方式。但我們常把自己與對方限制在某個範圍，讓我們都感覺不自由，可是又無法掙脫。

我這個人不見得好相處，卻能跟許多朋友進行非常深度的交談。感謝朋友們給我的尊重，帶著這樣的相互尊重，我們各自試著回家跟我們所愛的人，不斷地進行生活的實驗，希望彼此過得和諧與幸福。

他可以不愛妳嗎

她問我：「家裡的長輩挑撥我跟孩子的感情，我跟我先生說，我先生輕描淡寫地說『不要理她』就好了。現在孩子都不太聽我的話，我想要針對這點多跟先生溝通，他就說我在找理由吵架，我跟長輩更是沒辦法溝通，因為她很明顯對我有敵意，怎麼做才會讓大家滿意？我該怎麼辦？」

我說：「我確認一下我聽到的狀況，簡單來說，妳不想破壞妳跟長輩還有先生的關係，還想要拉近跟孩子的關係，是這樣嗎？」

她點點頭，我說：「這叫面面俱到，妳想要讓大家滿意，這做得到嗎？」

「做不到嗎？」她有點疑惑。

「我猜，世上很少有絕對的事，也可能有人能把家裡的人際關係處理得妥當……」我問她：「但是，就現階段來說，在大家的個性都沒有大幅變動的情況下，妳不覺得，如果妳跟孩子感情太好，長輩會吃醋嗎？」

「好像也是，不要說跟孩子感情太好。以前還沒有孩子的時候，我跟先生的感情太好也

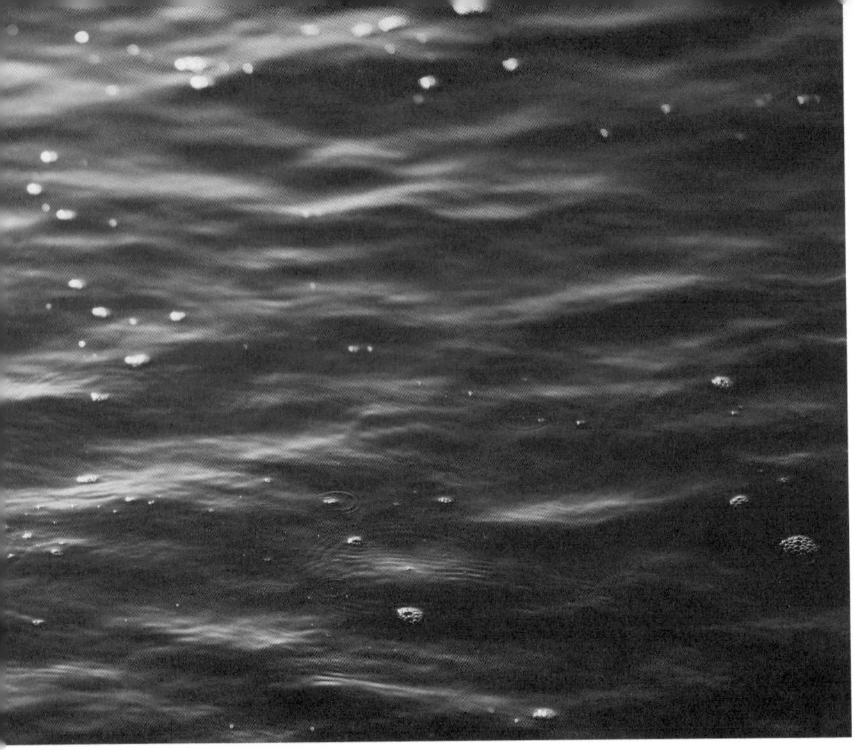

不行……」她說：「那如果先不管其他人，我要怎麼面對孩子？」

「妳孩子是有對妳怎麼樣嗎？」

「他就不聽話啊！對我生氣啊！我管他的時候，他就說『阿嬤都說不用』，本來他小的時候，我跟他感情很好，越大越變成這樣……」說著說著，她就哭了，還一直想用呼吸來壓住情緒。

我告訴她：「不用一定要把情緒壓住，在我這邊還不能哭，就沒多少地方可以哭了。讓情緒流過去，感覺它，讓它跟妳同在……」

我起身倒水，不想盯著她讓她尷尬。一方面也緩和我自己的情緒，不少家庭裡都在演類似的劇本，我能體會母子親情被拉扯的痛苦，這種事，聽了很多次還是會有點難過。

她似乎情緒穩定了，跟我說聲抱歉，我同理了一下她的情緒，再跟她說：「妳很怕失去

孩子對妳的愛，是這樣嗎？」

她說：「做媽媽的不是都這樣嗎？」

我說：「不管是什麼原因，他可以不愛妳嗎？」

「我沒想過這個問題……」她說：「嗯……他應該不會……不對……他可以不愛我，那是他的權力，只是這樣我會難過！」

「他真的不愛妳了，妳難不難過，影響不大……」我說：「他也可能因為青春期，更重視朋友，常跟妳吵架都有可能……」

關係就是有時好、有時淡，還有的時候會水火不容。有時候想想，也不見得真的有什麼原因。真的想破頭，就算想到原因了，原因也不見得真實，也不見得重要，也不見得能改變什麼。

煩惱常由心造，把一顆心翻來覆去的，不但可能於事無補，還可能滋生更多煩惱。要把心靜下來，超越、跳脫這顆煩惱心。我們的思想幫了我們很多忙，但也帶給我們不少困擾，讓我們困在過去或未來。我們有時候可以當個旁觀者，好像是別人碰到這件事一樣，我們才更有機會回到關係的本質，那常在當下。

關己則亂，沉澱、靜心，自己能站在遠方，重新看待那些無名情緒，要往哪裡走，便能越來越明朗。《楞嚴經》提到：「如澄濁水。貯於靜器，靜深不動。沙土自沉，清水現前。」

「妳當下該怎麼做，就怎麼做……」我說：「妳覺得該提醒的、該說的、該幫忙的、該告訴先生的、該勸長輩的，先忠於妳自己的感覺，先求對得起妳自己，先求心安理得。妳管不動孩子，就先把力氣收回來照顧自己，他也要承擔自己行為的後果，這也是一種教育。他不尊重妳，我們暫時沒辦法做什麼，妳不尊重他，就變成身教，他更是有理由不尊重妳，將來關係更難轉圜。不管他愛妳或不愛妳，妳本來的角色的責任還在，只是我們對他講話的頻率、強度、持續時間開始調整，盡可能讓關係不要惡化。」

她有了方向，不再那麼慌張。我則用我書裡曾寫過的一段文字祝福她，能用新的態度重新面對「可能」不愛她的孩子。

「因為愛你，所以我要學習愛我自己。等我自己擁有了足夠的愛，那麼不管你愛不愛我，都不會失去我對你的愛。」

可以不要這種愛嗎

她說，看了我的文章，想分享自己的切身經驗。

那天傍晚，她在娘家，跟她媽媽帶著孩子在社區的中庭玩。她媽媽想帶孩子回家，可能怕蚊子咬，但孩子還想玩。

她媽媽就開始嚇孩子：「已經快晚上了，等一下會有魔鬼出來咬你……」

她媽媽邊講還邊演魔鬼的樣子，發出低吼的聲音。幾次之後，終於把孩子嚇哭了。

她在那當時，腦中閃過許多想法。不管是公婆或是她媽媽，都喜歡逗小孩（她其實覺得比較像嚇小孩），因為她的孩子很膽小，很容易被弄哭，但他哭的樣子很惹人憐愛，而且不會很難哄。所以孩子身邊的大人，似乎樂此不疲。

她作為一個媽媽，知道孩子個性容易驚恐，孩子受到這樣的對待，她真的很不忍。所以，偶爾她就會婉言相勸，但是身邊的大人好像不太把她的話放在心上。她知道她在婆家不能亂講話，語氣也都要相當注意，因為婆家的環境是，要她做事就是「自己人」，有衝突就是「外人」的氣氛。所以她如果有事，常把孩子帶回娘家，請外婆幫忙照顧，因為她覺得，畢竟是自己的媽媽，應該比較好講話。

這次，她想跟自己的媽媽好好溝通。她上前一把抱起孩子安撫，然後對她媽媽說：「可以不要這樣嚇他嗎？多講幾次，或者直接把他抱起來，不就可以了嗎？」

她媽媽說：「等一下請他吃冰淇淋，他就不會哭了啊，樓上還有……」

她略顯不悅，打斷她媽媽：「不是跟妳講過，不要讓他吃冰淇淋嗎？他會咳嗽。妳都這樣，把小孩逗到哭，再讓他吃他不可以吃的東西，每次我自己帶的時候，他都會一直跟我要來吃，說阿嬤都會給他，造成我的困擾。」

她媽媽火也上來了：「妳不知道嗎？很多人都是這樣表達對孩子的愛，我們這一代特別是這樣，逗小孩有什麼不對，是喜歡他才會這樣，不喜歡他根本就不會理他。這就像聊天增加話題一樣，這是很自然的事。誰叫你不讓他吃冰淇淋，如果我不讓他吃，他怎麼會喜歡我？難道你要我自己的孫子，將來不認他的外婆嗎？」

「那他可以不要這種愛嗎？」她講出口，就後悔了，覺得話太重，可是自己的情緒又還在往上衝，停不下來：「被愛，就要被弄哭，就要增加咳嗽的機會……」

她媽媽臉色鐵青，她最後語氣放軟：「妳要愛一個人，也要看他喜不喜歡這樣被愛。妳要找人聊天，也要尊重對方想不想聊，不是嗎？」

她媽媽沒說話，一把從她懷裡抱走還在哭的孫子，她聽到她媽媽對孩子說：「走，不要理你媽媽，你媽媽對阿嬤講話很沒禮貌，以後長大不要像她這樣。我們去吃冰淇淋，乖，阿嬤最喜歡你了！」

她一顆心沉到谷底，她媽媽走了一段路之後，回頭撂下一句：「以後妳再這樣講話，就不要叫我幫妳帶小孩！」

她很想哭，但是她只能忍住，因為她有事的時候，真的很需要她媽媽幫忙。她看著孩子吃冰淇淋，果然又咳嗽了，她媽媽當下默默地把冰淇淋收起來。但是她知道，如果有下一次，她不在場的時候，冰淇淋還是會隨時上場，畢竟那是孩子很喜歡的東西，很方便討好孩子的工具。

她回家之後，跟她先生說起這段過程。她先生說：「哎呀！這有什麼大不了的？帶小孩就是這樣啊！小孩子嘛，很快就會忘掉。妳要體諒老人家愛孩子的心，他們沒有惡意啦！」

她忘了，她先生也是「逗小孩」一族──覺得大人快樂很重要，小朋友哭一下沒關係。她心想：「我體諒老人家，誰來體諒我的孩子？」

她是看了我的文章之後，才發現原來有這麼多媽媽，心裡都有相同的聲音，只是迫於環境而感到無奈。她鼓勵我，這種文章要多寫，問題即使沒辦法解決，但是看到自己不是那麼孤單，其實感覺會好一點。

我知道這種文章，可以幫助一些人說出心底話。可是，順了姑意，逆了嫂意，怎麼寫難免有人感覺不如他意。寫得太詳細，怕對號入座，無意中傷到不想傷的人，寫得太模糊，又不見得能明確達意。

我只能說，看我的文章，當看小說就好。對自己有幫助就可以，真的沒幫助就擱在一邊也沒關係。我要認真地請各位朋友注意，以上人物情節，純屬虛構，如有雷同，絕對是巧合。

用情而不困於情

接連好幾位朋友跟我聊到，「沒有期待就不怕受傷害」，這讓我有些擔心。

打開眼睛，這社會使用了各種方式，鼓勵我們追求。然而在追求的過程中，我們因為成功而歡欣鼓舞，卻在失敗的時候，失了分寸；喜悅很短暫，但是挫折不斷，任憑它往心底堆積，堆積成無奈。

無奈了、絕望了，常因此告訴自己，別期待。沒有期待，也就沒那麼想追求了；好像暫時沒有劇痛，但傷口隱隱作疼。

真的全心專注於過程，不在乎結果，那是到了很高的境界。知道人事無常，用情而不困於情，那樣的灑脫與自如，並不是消極的沉溺。

能面對有情世界，而不被情所困，那是踏踏實實用了情，充分經歷與體驗之後，最後憣然醒悟。人與人的關係，並非人生的全部，然而沒走過一遭，又是種遺憾。

有情不是罪惡，它能把這世界轉化得美麗。它本來是我們的朋友，卻因為被忽略，而讓我們失去了主導的力量。

最近碰到一個常大哭的孩子。他正在面對人生中，很重大的困難。我有些著急，替他心疼，因為他走過的路，我也走過，十足感同身受。只是，他慌亂，我更要清醒。

同理完孩子，他的眼淚，還是停不下來。我最近對「放鬆」有一層新的體會，在當下便進入放鬆的狀態，那種感覺好像關掉一個開關的感覺，哭聲依舊，我的心很快安定下來。情還在，只是淡，淡到我找回一些心裡的空間，重新去面對孩子。有時幫到他，有時沒幫上忙，但我不急於一時，事緩求圓滿。

「形如槁木，心如死灰」我一直從負面去解。直到最近，我從另一個角度去看待，才體會到那可能是傳神地描述靜定的狀態，而不是無奈與絕望，不是想要自己沒有情緒，而是用情不困於情。

如果真的沒有太多期待，任物自然，那是一種修為。如果只是恐懼，只是不想面對與逃避，那就得要再談。

不同心就是背叛

這是網路上的朋友所提到的講法，相當生動。

有一種家長，會把自己膨脹到，自己就是整個家的代表。不聽他的話，就等於對這個家不忠誠；對他說話不客氣，就等於不尊重這個家庭。意圖在塑造自己的權威，自己好像幾乎不會犯錯，所說出來的話，就像是聖旨，軍令如山，違逆者慘。

可惜，這樣的形象，很難經得起考驗，過度的自大常來自於自卑。騙騙小孩還可以，等到孩子大了，就會正式進入情緒角力的階段。不管誰的力氣比較大，這種比賽，結局常是所有人都是輸家。

但即便大家都不快樂，這樣的家長，還會死命地把錯歸咎到孩子的叛逆身上。

於是，遍體鱗傷的孩子，要直到自己重新開啟一個家，把自己失落已久的溫暖建立起來，才可能得到療癒。有時候，因為愛新生的孩子，所以學習愛自己，所以再一次面對原生家庭的不圓滿。

很感謝網路上有許多朋友一起來討論，家庭會傷人這件事，因為網路時代，大家有機會在同一個版面上，相互分享與療傷。

在早期我寫相關文章的時候，容易有衛道人士出面捍衛父母的權威，這我能理解。直到最近這一兩年，越來越多朋友，願意把自己在家庭中所受的傷，以文字清楚地記錄，提醒我們這一代的父母，別讓創傷代代相傳。

或許是朋友們描述得清楚，也或許是我們的重點不是要貶損父母，而是想療癒止傷。漸漸地，衛道人士出來得少了，願意探索自己的過去，即便痛苦也想成長的朋友多了。

家庭問題的複雜，是家人之間即便互相傷害，但依然有親情與恩情。所以簡單來說，我愛的人，可能傷我最深；我最依賴的人，卻是我很想避開的人。

父母處處干涉我們，讓我們不舒服，但其背後可能出於善意。這種矛盾讓我們混淆，我們到底該生氣？還是該高興？

所以，社會明示暗示我們，家人之間不要有衝突。就這樣，我們把我們自己對家人的負面情緒壓下來，想要眼不見為淨，直到終究壓不住而爆發，讓所有人都受傷。

父母生養我們恩大如山，可是，並不代表父母的決定是對的。在這複雜多元的社會，價值觀可能數年就變，父母的思考，也只是眾多思考中的其中一種罷了！

父母就算事事為我們想，也不代表他們就能好好地管理自己的情緒，也不代表他們的氣話不會傷人。尤其大家談話的時候，常把事混在一起講，「我為你付出這麼多，你怎麼可以不聽我的話？」

常常，父母的付出，以及父母的要求，是兩回事。這不太相同的兩回事，卻常被扯在一起，讓我們表達自己就痛苦，可是不表達自己也痛苦，緊緊地被綑綁！

如果，我們能深入我們的大腦，把討厭的歸討厭，喜歡的歸喜歡，不知道該有多好？如果，父母與我們都有能力，把每一件事分開來看，有些屬於感恩，但有些我們能自己做決定，那是我們自己該承擔的未來，不知道該有多好？

最近跟一位朋友聊到他的改變，他猜測，是他知道原來可以對父母生氣。我們清楚討論父母有哪個部分的作為，其實也會讓一般人不高興，他的情緒，好像就過了這一關。

知道為什麼該對父母生氣，不是為了讓大家過得不好。而是想把情緒體驗一遍之後，然後能夠放下，多一點平靜，再重新找到關係的轉機。

用結果去否定過程

我們常用不好的結果，去否定我們的過程。好像結果不如預期，必然是我們在過程當中，做錯了什麼。

最近跟朋友談到，當初在進入情愛關係的時候，過於莽撞，有些自責。然而，從走過相識、相戀、婚姻（或者離婚）十幾、廿年的朋友來看，剛開始我們對對方的了解，相對於這一輩子來說，淺薄地像賭博一樣。

最初的認識只是開始，如果不是兩個人一同努力、調整，關係怎麼可能持續走下去。所以，我們即便是努力了、即便是步步小心，哪能盡如人意？

可是，有些朋友，會因為結果不好，就不放過自己，對於過去沒注意到的枝微末節，耿耿於懷。就算是自己好了，很少人真的能夠百分之百理性，都控制得穩穩當當，那些枝微末節一直鑽研，嚇自己、怪自己，那下一步還敢走出去嗎？

不管最後是愛也好，不愛也罷，關係的剛開始，以及後續的加溫或分手，常常不是只有我們跟對方。在之後重新省視關係，隨著人生閱歷的提升，漸漸可以看到當初時空條件下的種種不由自己，那些機緣湊巧。

然後，再拉近來看，我們便慢慢看清了，現在的我們跟對方，以及依然橫加在我們之上的，那些種種不由自己，以及機緣湊巧。放眼未來，縱然無常難料，但也可以充滿期待。

我想到有些家長，常以結果論來論斷孩子，好像結果不好，就一定是過程中孩子做得不夠。有些家長是因為眼光過於狹隘，評斷孩子不從結果來看，就沒有其他可能性；有些家長則是孩子的日常生活很少參與，看不到過程，只好就結果來談。

會不會，家長用結果論論斷孩子，所以孩子長大之後，用結果論來論斷自己？結果不好，即便過程中已經步步小心，還是要折磨一下自己，完成幼年以來的習慣或儀式？

「順其自然」、「盡其在我」這兩句可能小學就會使用的成語，真是要用一輩子去參透。但求過程無愧我心，不求結果盡如預期，不對過去的自己苦苦相逼，那是放過了自己，也才算有機會開展未來。

如果我傷到他該怎麼辦

他是個很可愛、細膩的男生，跑來問我感情的問題，順便提了提他的媽媽。他這個人，聽他講話，算是稀有動物了，少女心嶄露無遺。

他最擔心的，就是講話傷到他的女朋友。他女朋友就是過於大小姐，平常在家被父母寵上天了，驕縱任性，她講出口的話，她一定要他給予認同，要不然就不高興。她對他只要有交代，她就希望他辦到。

他有嘗試委婉地告訴她，做人不能這樣子，什麼都要別人配合她。可是，太委婉她就聽不懂，太直接她就發脾氣。

他說，他也想過要分手，朋友都這樣勸他，但畢竟他很喜歡她，離不開她。我看著這種小情小愛，相對於我平常面對的困境來說，算是一塊小蛋糕，忍不住嘴角上揚。

我本來想跟他講，這就當成人生經驗就好，講得通就在一起，講不通就各自幸福，不用這麼患得患失。可是，看他很誠懇地問，我也不好表現得太輕鬆，我就把我常掛在嘴邊的話，拿來跟他探討。

關係，本來就是破壞之後又重建的歷程。我們如果在意一段關係，不會故意去破壞它，但是關係有時候不是全然在我們的掌控之中，我們難免講話無意中傷到對方，重點是要學習怎麼修復。

特別是談到對方的缺點，要講得清楚、讓對方明白，即便語氣和緩，那也可能戳到對方的痛處。別忘了，兩個人相處，可以在互動的許多層面進行連結，我們平時不忘記關心對方，跟對方共同經營興趣與生活，愛的存款多，就不怕某一句無心話的殺傷力。

何況，溝通能清楚，通常對關係的長遠發展會有益處。

當然，學習如何溝通，也是我們要在關係中練習的能力。有些語詞、傳達某些意思，容易造成誤會，還是得要覺察與小心揣摩。

他說，他媽媽就是一個很敏感的人，連他講話稍微大聲一點，就會覺得他的態度不好。所以，他養成講話的時候，會一直注意對方表情的習慣，深怕造成對方的傷害。

我說，聽起來媽媽對他的影響很大，在意他人的感受是好事，過度在意，則可能適得其反。因為過度在意的關係，常有壓力，壓力過大，或者遇到挫折來考驗，關係就不容易維繫。

過度在意他人的人，常常也會在意他人對他的無心話。把他人的話在心裡翻來覆去，這邊詮釋、那邊延伸，然後疑心生暗鬼，無端給自己很多壓力。

其實，聽起來，不管是這位可愛男孩，或者他的女友，以及他的媽媽，都要重新思考一個問題——他們到底喜不喜歡自己？

如果不喜歡自己，那麼就容易到處在意他人的負面言語。那麼不管對方講話怎麼客氣，關係中就會常出現傷心。

成爲孩子喜歡的媽媽

家長說，她希望成為「孩子喜歡的媽媽」。她講到她媽媽，她對於她小時候所接受的教養方式，非常不認同。所以，她有機會成為媽媽，部分的心願，是想要藉這個機會，好好讓她媽媽知道，教養孩子，也可以讓孩子開心，又懂得規矩。

我乍聽之下，突然有種異樣的感覺，可是又講不出有什麼不對。後來有時間的時候再想一想，發現可能是中間漏了一些階段，或許我們要先試著成為的，是「認識自己的人」，也許有機會是「被自己喜歡的人」，最後是「被自己喜歡的媽媽」。至於，能不能讓孩子喜歡，那不見得在我們掌控的範圍。

我們先從情愛關係來看會比較清楚。

有些人，會從關係裡面定義自己。如果被人喜歡，自己就是個討人喜歡的人；如果被人拋棄，自己就是個不值得被愛的人。所以，這樣的人就會一直尋求進入關係的機會，在關係裡面犧牲、討好，即使自己不喜歡，也盡可能配合對方，成為對方喜歡的那個人。

像是，換了一個對象，自己平日的活動就有大幅度的轉換，總是以對方的時間規劃為規劃。或者，換了一個對象，生涯規劃就開始變動，即使自己原先已經確立好方向。

為了關係，我們調整我們自己，這無可厚非。可是，如果因此連自我都失去了，常在關係中感覺「勉強」，那麼，終究會衍生種種負面情緒，來破壞關係。像是常見的情緒勒索，「我為你犧牲了那麼多，結果你竟然……」我們的自我獨立性都綁在關係裡了，最後也不讓對方發展自我。

如果發展成這種形式的關係，那麼我們就可能抓著對方不放，我們再痛苦也不放，發現對方想逃，更是緊緊抓牢。因為如果對方走了，關係消失了，我們就不知道自己該如何生活，那種慌亂失措，讓我們就不知道怎麼定義自己，更是不知道如何實現自我。

那麼，我們還要藉由情愛關係來定義自己嗎？我們還要藉由親子關係來定義自己嗎？被孩子討厭，我們就不執行我們的教養嗎？

我了解，我們常常在過去的某段關係中承受了痛苦，為了這樣的痛苦，我們會有意無意地想要證明，我們是對的，對方是錯的。對方是錯的，所以對方該道歉，對方該給我們一個交代。

我們常藉著新的關係，想要修復或平撫在舊的關係裡，曾經經歷的傷痛。不是都不可以，而是我們要清楚，這兩段關係對象不同，本質上就會有部分不同。每段關係都很獨特，新關係也可能補不了舊關係造成的洞。

有不少媽媽，是在做該做的事，可是不被孩子喜歡，不被先生認可，不被長輩看重。那麼，事情就不做了嗎？日子還要不要過呢？

心要靜，就是要從自己下手。先搞清楚自己，自己的行為是什麼意義？自己說出口的話，跟自己的價值觀是否一致？最根本的是，自己的喜好與信念，我們到底清不清楚？然後，自己有能力提供什麼樣的教養？想提供什麼樣的教養？環境有什麼限制？孩子是什麼個性？

在大多數的情況下，想清楚了，出發點確實以愛為基礎，關係不會太糟。不過，還是會有一些狀況，像是孩子有特殊的個性（例如有對立反抗傾向），想要被孩子喜歡，真的有點困難。

把自己搞清楚了，做事遇到阻抗，挫折也不會那麼多。那麼，就不至於新關係莫名其妙地，又把舊關係裡讓人痛苦的情節，重演了一遍。

在黑暗中，我們帶不走黑暗；
在情緒中，我們帶不走情緒。
只要我們「看到」情緒，
情緒就有可能產生質變。
當情緒是情緒，
我是我的時候，
就能拉開觀看的角度。

——**金樹人教授《如是深戲》**

有效的溝通，常同時包含說明事情與表達心情

最近跟孩子們談「我訊息」，我訊息的溝通公式是：

「當你很晚回來的時候」（描述事件）

＋

「我很擔心，怕你是不是出事了！」（表達自己的情緒與我們的解讀）

＋

「我希望你下一次確定要晚回來的時候，打個電話或簡訊讓我知道！」（用比較客氣的方式表達我們的要求）

＋

「這樣我下次比較敢讓你出去，你如果沒吃飯，我才會先幫你準備！」（讓對方知道，照著我們的要求做，對他有什麼好處，可以增加對方執行要求的動機）

平常我們講話的時候，大部分只講到完整「我訊息」的其中一部分。有時候，要坐下來談，才比較有可能把完整的「我訊息」講清楚。

「我訊息」的重點之一，就是在溝通的時候，同時要講出事情與心情。如果我們同時表達自己的心情，那麼，講出來的話會比較柔軟。特別是家人，常在言行背後藏著善意，這點需要讓對方知道，能幫助對方把話聽進去。

「我訊息」的重點之二，就是我們的解讀跟情緒的關係，明白呈現出來。事實上，我們的解讀不一定正確，特別在溝通的過程，常有誤會。如果我們修正了我們的解讀方式，我們的情緒也可能被改變，說不定我們也不會特別想要對對方要求什麼了。

之所以叫做「我」訊息，那是因為，溝通要有效，要減少責怪，責怪常引起防衛，降低溝通的效果，責怪常以「你」為主詞。以「我」為主詞表達心情，可以減少我們習慣性地責怪。

「我訊息」的重點之三，就是讓對方知道，我們的要求對對方有什麼好處。這個部分，對兒童、青少年來說，比較困難。但是成人如果願意多練習幾遍，應該是沒什麼問題，可以習慣成自然。當對方知道照著我們的要求做，會有什麼好處，動機會比較高。

有時候，有些人會希望有自己的自主權，對別人提出的要求會習慣性地防衛。如果是自己提出來的解決辦法，他會比較甘願。所以，在對方的要求提出來之前，可以先考量對方的個性。我們可以用申論題「你覺得可以怎麼讓我不要那麼擔心？」，或是選擇題「你要打電話，還是寫簡訊，還是Line給我，還是出門前先留個紙條給我？……」讓對方自己講出來，真的講不出來，我們再自己提出方案也可以。花的時間久一點，但是比較可以確保溝通的效果。

溝通就是要保持彈性，也別忘了先想想我們自己的底線在哪裡，而不是只能完全照我們的想法做。那會比較像命令，而不是溝通，特別是又沒有清楚表達自己的心情。

還有，溝通常有挫折，請先把失敗寫在劇本裡。對方拒絕，我們保持風度，可以幫助下次溝通更順利。

妳到底能負多少責任

多年前她告訴我，其實跟男友已經論及婚嫁了，怎麼只要一看到他的缺點，她就會不自主地放大？好像每個缺點都大到，足以毀壞婚姻中需要的信任？

我就表淺地聊著，以我對她所形容的男友的缺點來看，好像一般在男性中不會特別突顯。我安慰她、勸她，也許是她有點過於緊張了。

又過一陣子，好像籌備婚禮的過程中，跟男友不愉快。她才哭著說：「其實，她很怕像她媽媽那樣，一輩子都在跟小孩抱怨後悔進入這個家！」

她小時候，從懂事以來，就感覺媽媽在家裡面很不快樂。每個人都對媽媽不好，連比她晚進門但年紀比她小一點的大嫂，對媽媽講起話來都不是很客氣。

媽媽一把房門關起來，就想要跟孩子抱怨。有時候媽媽邊哭還要邊擦乾眼淚，以免臨時被叫出去，不好看。母女連心，她看著媽媽這樣，很心疼，可是媽媽叫她什麼都不要做，聽媽媽說話就好，也許長大爭氣一點，讓媽媽能過好生活。

有一陣子，她很有罪惡感。那個時候她高中，已經有自己的房間，功課壓力重。可是媽媽還是一樣的模式，一關起門來就抱怨到她心煩，很想趕快逃開，可是又覺得她得要照顧媽媽的心情，當好聽眾，這畢竟是她唯一能扮演的角色。

她有時候很生氣，她覺得媽媽害她上課沒辦法專心，都在想家裡的事情。然後，考試考不好，又覺得辜負媽媽的期待，自責不夠努力，怕將來沒辦法給媽媽好生活。

這是大人的情緒無法消化，丟給孩子承受的例子。孩子常要接收大人的負面情緒，慢慢會覺得照顧大人是自己的責任，偏偏自己連應付學業、人際，就捉襟見肘了。所以，承受自己的壓力，又要承受大人有意無意給的壓力。

我問她：「妳到底能負多少責任？」

其實，她小時候根本做不了什麼，就算是現在長大也一樣。她要出嫁離家，以後更是照顧不到媽媽，小時候一直想要給媽媽好生活，現實環境根本不允許。

她要嫁人，媽媽很傷心；她不嫁人，媽媽又很擔心。她於是意識到，她無論怎麼做，媽媽都不會寬心。

她有很強的罪惡感，她要丟下媽媽自己幸福了。或許，那是男友缺點被放大的重要原因。

我再問：「妳到底能替媽媽負多少責任？」

她明白，屬於媽媽的責任，只有媽媽自己能負。媽媽要為自己的心情負責，就算她今天不嫁，每天在家當媽媽的聽眾，那只會讓她和媽媽都不快樂而已。然後，她這一輩子可能把自己的不快樂也歸因到媽媽身上，這樣，她算是替自己的心情負了責任嗎？

還好，後來她婚姻幸福。媽媽給她找了個小麻煩，但是她還能應付。她遇到這個老公，特別懂得包容，對她非常好，讓她很安心。只是，偶爾想到媽媽不知道能跟誰抱怨，心裡還是有罪惡感。

各位朋友，如果您從小也是這樣長大，請理解您自己，小時候的我們，對於大人的世界，真的很難負什麼重大的責任。界線沒劃開來，我們跟家人，常常只是一起陪伴著陷溺在負面情緒裡，迷失了自己，迷失了幸福。

希望孩子長大想起我還會笑

他就是個大孩子，他沒辦法當黑臉，他也不想這麼做。他的太太自然就成了黑臉，她的要求凡事就是高過爸爸，罵孩子的時候，常連爸爸一起罵。所以她也覺得很哀怨，她覺得是她的先生逼得她一定要擺出一副樣子，然後看著她先生可以跟孩子玩在一起，孩子也比較喜歡她先生，她就忌妒又氣憤。

他自然承受了許多壓力，可是，他不改其志。他問過我：「以後孩子長大的時候，想起爸爸，會想到什麼？」

我還沒回話，他就自己接過去說：「我希望孩子長大之後，就算不在我身邊，想起我也會笑。會想著我愛他，會想著這個世界上，我是他第一個，而且是永遠的朋友。我希望他想到很多快樂的回憶，那是我忠於我的情感，所表現出來的愛……」

不知道為什麼，我聽到這邊，有點想哭。一個人想起自己的爸爸，能有這些畫面，不知道會有多幸福？

他說：「我太太的工作就是實事求是，她也把教養當成工作一樣，設定目標，照計畫走，這不能怪她。可是我知道，跟人相處不是這樣的，只是她聽不進去，就說我在寵孩子，說我是害了孩子。」

「只有我自己知道，一個人沒有紀律與自制，那種散散漫漫的生活，不見得會讓人快樂。可是，要求孩子的態度，也可以溫柔，也可以花很多時間等待。然後，有壓力就需要放鬆來緩衝，懂得玩、懂得用功，把人生當成馬拉松，找到自己的步調往前跑，長遠來說，不見得就一定會輸掉什麼。」

「孩子喜歡我，我總不能為了讓太太不要生氣，就疏遠他吧！她顯然有些困難，即使我好好地跟她說，平常也對她好，她就是忍不住要我別對孩子太好。她覺得，是我害她跟孩子疏遠的，我都沒顧慮她的感受。」

「我常營造情境，讓她跟孩子相處。可是，她跟不上來，她相對比較死板，她可以做到很溫柔地唸故事，可是孩子喜歡聽我的搞笑版本。體力方面的遊戲，她更是會直接拒絕，她也不喜歡戶外活動。」

「她也很喜歡騙小孩，只為了快速達到自己的目的，雖然相對來說，比我媽少很多了。可是，我跟孩子說話，是答應他就盡可能做到，所以孩子當然喜歡跟我相處。」

「我當初也是欣賞她愛小孩，覺得她有愛心，這是在一起的原因之一。是生了小孩之後，才知道她愛小孩，但不會帶小孩，嫌麻煩就丟給我或我媽。然後看我跟孩子親近，心裡又不是滋味。」

「我不能因為她的小鼻子小眼睛，就忽視孩子的需要。所以，我還是會製造機會給她，也會嘗試跟她溝通，雖然她一直以我寵小孩為理由，不想聽我說的話。對我來說，我目前的心力只能先顧到一種角色，有餘力再做另一種。先當孩子的爸爸，再當太太的先生，我想你應該知道，要把員工的角色當好，再當爸爸，剩下的力氣就不多了吧?!」

我替他擔憂，婚姻關係是家庭形成的基礎，這基礎如果動搖，當然會影響親子關係。這不是誰對誰錯的問題，但是媽媽如果還是不願意成長，那麼日積月累的負面情緒，就可能大到具有破壞性。

不過，一個人的心力有限，難以面面俱到是事實。孩子有他這個爸爸是很幸福的，也希望孩子長大之後，他有更多時間，那個時候還來得及照顧他的婚姻。

更好的可能

很久以前，有一位朋友問了我一個很好的問題：「關係中難免會遇到挫折，可是挫折到什麼程度，才算到了確定要分開的門檻？」

當時這位朋友心緒很亂，拋出來的問題很多，我也沒針對這個問題回答。然而，這個問題相當的關鍵，偶爾就會有不同的朋友，所分享的人生困境，會牽涉到這個問題。

所以我下定決心，好好翻翻手邊談親密關係的相關教科書。結果我發現，儘管理論不少，研究也舉證很多，但我沒找到書裡面哪一段文字，確切地告訴我一個標準或一個指標，到底在情愛關係中的兩人什麼時候確定要分開？

我放下書的時候，真是啞然失笑。這種事，本來就不太可能有一個清楚的標準！就算真有一個標準，大概很快就能找得到反證吧！

不過，某位朋友的說法，讓我覺得很有道理。他說，我以前跟他討論該不該離職的時候，我提到，真要考慮離職，最好是因為找到了更好的機會，而不是單純負氣離開。結果，他真的在有一個比較好的機會出現的時候，選擇離開，那時的離開，一方面固然擺脫了過去的負面情緒，二方面能持續有經濟收入，而且能力有更好的發揮。

所以，他覺得用這樣的方式想，當我們要離開一段關係的時候，最好是想著離開關係之後，能有更好的可能，像是更好的情緒、更健康的關係、更自由的生活……而不是因為一有挫折就想離開、厭煩了就想離開、沒辦法溝通就離開，那這樣哪有長久的關係？那也等於剝奪了自己藉著關係成長的機會！

讓自己有機會越來越好，更健康、更包容、更平靜……那是進入一段更好的關係的開始。我想，不見得一定要局限在情愛關係思考，現在的時代就算一個人也可以好好生活，但是，還是可能有同事、朋友、親子關係可以照顧。

尤其在分手之後，研究顯示，家人朋友的關心與支持，最能撐住我們，讓我們不致因為墜落而失控。人生的關係有很多種，情愛關係只是其一。

我想到有朋友跟我說過一種狀態，她感覺很糾結，叫做「受不了他又離不開他」。這跟不少我認識的媽媽，在抱怨另一半的時候很像。

也許，離開了之後，也不見得更好，只好忍著點，多看點韓劇想像一下。

不過，翻翻教科書還是有點好處。裡面寫到，當彼此的共同目標是要維持原有關係時，能溝通表達是最積極又有建設性的策略，離開或忽視這兩種方式，最容易引起對方的不滿情緒，讓關係更加惡劣。

所以，當找不到更好的可能，在關係中成長，就變成了我們的功課。

那你去當別人家的小孩啊

最近在跟家長們演練，該如何面對孩子超出家庭預算的物質要求。孩子大了，尤其是接近青少年，常有的語句是「誰誰誰的家裡都有」，或者「每一個同學的父母都會讓他們的孩子買，就我不行！」

尤其孩子要求的高價手機，一支就差不多一個上班族一個月的薪水，對於一個還沒有賺錢能力的學生來說，實在不合理，而且很有可能衍生後續失竊毀損的種種問題。要溝通這種事，就是試著溫和而堅定地，重申父母的想法，坦誠討論家庭收支，還有父母的顧慮。

有一位家長提出來討論：「那可以對孩子說，『那你去當別人家的小孩啊』這句話嗎？」

這是一句很常見的話，只是我盡可能不這麼說。這句在某些狀況下，之所以可以讓孩子閉嘴，是傷到他們的情感了。這句話的潛台詞可能是，「不滿意你可以離開啊」、「我不稀罕有你這個孩子」……有些比較敏感或低自尊的孩子，更可能視這句話為對他個人的否定。

所以，如果我們沒這樣的意思，就別這樣說。很多時候，說者無意，聽者有心，像這種話很容易會有這樣的效果。

我會說：「你覺得當我們家小孩，有點委屈嗎？我們家沒那麼有錢，但也不會餓死，收入普通，跟一般家庭差不多。如果要滿足你，就是要犧牲我們其他人，這對大家不公平。」

也許，就事論事，只討論客觀事實，沒辦法很快讓孩子閉嘴，比較花時間。但某種程度上，增加了跟孩子互動的機會，讓我們能藉此多說明我們的價值觀，這其實是潛移默化很重要的過程。把心情與事情都討論了，雙方都有清楚的共識，情緒性字眼就不必說了。因為情緒性字眼常引來更多的情緒，在情緒當下，比這句話更難聽的字眼都可能說出口。

如果事情暫告一個段落，我會說：「謝謝你當我的小孩，讓你覺得這麼委屈，還是沒有離開這個家，不管你有沒有其他的選擇。」

我常覺得，尊重是互相的。這道理實在不需要我多說，大部分人都可以理解，我們不尊重孩子，不尊重親子之間的關係，通常孩子就是有樣學樣。只要相互不尊重，關係的基礎薄弱，將來更難溝通，因為中間卡了很多負面情緒。

就像是「那你去當別人家的小孩啊」這句話之後，我聽過孩子如此回應：「你以為我不想嗎？」明明是摯愛的雙方，講起話來就在比誰更不在意這段關係，實在讓旁觀者的我痛心。

不管是哪種關係，每次衝突之後，雙方就會默默地在心底，評量維持這段關係的必要性。如果我們真的對關係還在意，那就如實地表達我們的心意。與其為了自己的面子，保持曖昧模糊，讓對方有會錯意的空間，不如坦承內在真實的感受，除了會讓自己內在比較輕鬆之外，不管結果如何，也可以少一點遺憾。

有些家長會說，在情緒當下，怎麼可能說出這麼冷靜的話？所以，平常就要多練習啊！像是很多情緒管理的功夫，是平常就要進行，等情緒滿了才開始想要管理它，那就沒那麼容易了。

爸爸生日快樂

放下更有力量

朋友跟我討論他的親密關係，他的另一半很愛抱怨，有點情緒化。只要壓力一來，就會拐著彎找他出氣，開始抱怨他不夠貼心，否定他的付出，不夠看重她……

我跟他說過：「情緒化的人，常常三分真話、七分氣話。有些話不要聽太多，聽多了反而因此生氣，這種因為氣話而引起的生氣，對關係有害無益。」

他很清楚，這些道理他都知道，但是他做不到，還是會被惹得不太高興。他特別強調，他的另一半很喜歡翻白眼，有些話她也不是不認同，但是為了面子，她就是要給人臉色看一看。

我出於個人的好奇，問他：「她自己是不是很不喜歡別人對她翻白眼？」

「是耶！」他說：「你怎麼知道？」

我很少處理兩性問題，我比較常面對親子關係的僵局。我發現，喜歡抱怨的父母不喜歡孩子抱怨，喜歡生氣的父母不喜歡孩子生氣，講話口氣不好的家長會特別注意孩子的態度，像是講話翻白眼。簡而言之，我猜測，喜歡翻白眼的人，不喜歡別人對他翻白眼?!

「就是『己所不欲，所以施於人』囉！」他對我做個鬼臉。
我笑了笑，這種人性，自古皆然。我們所看到的別人，常常有自己在裡面。
我問他：「當她否定你的付出，你會不會就更不付出，想說『怎麼努力都被否定，乾脆放棄！』？」
他的眼睛一亮：「以前是這樣沒錯，現在不一樣了，如果每次都一樣，那我還繼續來找你幹嘛？」
我這個朋友很皮，跟他講話一點都不無聊。講到關鍵處，常開個話頭，要我接話，他才要繼續講，吊我胃口。
「有什麼不一樣？」我乖乖地接了他的哏。
他看起來很得意，「以前，被否定我就真的放棄了。後來，我想到你跟我講過『打預防針』的概念，我就試試看。」
我打斷他：「你說『打預防針』？你怎麼使用這個概念？」
「你不是說，等到壓力來，再處理壓力比較不容易。所以要『預防重於治療』，平常要做功課，讓心情保持平靜，這樣壓力一來，才更有心力去處理！」他喘口氣，「像是我平常偶爾就想一下，她怎麼對我好。其實我發現，很多小事，其實我也沒放在心上。所以好像是，我否定她，她否定我，像『雞生蛋，蛋生雞』的問題，有部分我也自作自受！」
「Bravo！」我心想。

沒想到這段他有聽進去，心理治療的知識，有時候像「知難行易」。聽到道理覺得很難，直覺就認為不會有用，去做了之後，度過了習慣建立期，會發現其實很簡單。像這種自我對話，真的願意做，就會有一點效果。用更白話來講，他就是在做「感恩」。

他大概猜到我的想法，想要從我這邊聽到一些肯定，「怎麼樣，我是好學生吧……」

「等一下，你還沒說，你打完預防針之後，接下來你做了什麼？」我趕緊插話，避免他又要開始講一些玩笑話，他一興奮有時候就會吹捧一下自己。我猜，這是他的另一半喜歡翻白眼的原因之一。

「我就想說，『妳平常對我不錯，我就不跟妳計較了！』只要她又開始講一些五四三的，我就這樣想。這樣想，心情比較平靜，該做的還是會做，就不會像之前一樣放棄！」他喝了一口水。

「你知道嗎，以前我會有一種心態，『妳否定我，好，那我就真的不做』，我覺得，這其實有一點像是報復。可是，我覺得我現在能改變是因為，我不想再玩這種小孩子遊戲，你書裡面，不是有一句話『該怎麼做而不是想怎麼做』，我就繼續做我『該做』的，至於我當下的情緒，我好像可以放下一點點了！」

「我還能說什麼呢？」我心想。

每次碰到孩子講出聰明的話，我就會大加稱讚。對成人來說，太多的稱讚常讓他們不好意思，反而又不敢多講，我偶爾會忘掉我互動的對象是成人，但這次我記得。我就是忍不住微笑，然後一直點頭。

「如果大家都能覺察到，就算我們長大了，在情緒上，還是很喜歡玩小孩子的遊戲，不知道該有多好?!」我用這種比較收斂的方式，讚許他的頓悟。

「沒什麼啦！只有放下一點點啦！她還是會繼續否定我，我如果受不了，我也沒辦法繼續付出啊！」他看起來有點不好意思，「可是，你不是跟我說過什麼……ㄟ……類似『關係不可預期，但可以……』怎樣怎樣的……」

「關係不可預期，但可以不放棄！」我補充，「所以你真的有辦法做到，因為她對你的否定，就算你現在做不到繼續付出，但你還是認為，『你未來還是有機會做得到』?!」

「應該是吧！」他點點頭。

「太讚了！」我這次忍不住，連大拇指都比出來了，「很多時候，不是別人否定我們，是我們先否定自己。我們告訴我們自己，我們真的做不到，那我們就會照我們自己告訴自己的話去做！」

他若有所思，我放慢我的速度，「你的改變，有一個部分是，你不是只有去想她平常對你怎麼樣好，還有你開始能夠不打擊自己，對自己抱著希望，你覺得你有能力經營這段關係，你不會因為自己有幾次在情緒上受不了，就覺得自己沒辦法去包容她！」

「人有很多可能性，情緒越是處理得好，行為彈性就越大。」他好像想到什麼，想要用筆記下來，我對他說，「我簡單講，你可以這樣寫，『放下越多，越有力量！』」

「放下越多，越有力量……」他邊覆誦邊寫下，「還有就是……我沒有打擊自己，我能維持關係……」

我看著他的筆端在紙上飛舞，字跡潦草，但我越看越歡喜。我不敢講話，我怕他趕著寫，太急。同事預先訂的計時器響了，時間到！平常我都會拖一點時間，但這次時機剛剛好，在這邊結束也不錯，是 happy ending。

「好，我知道了！」他邊收拾東西，「我跟你說，我如果當初念心理系，開玩笑，你就不用混了……」

我對他翻了一個白眼，希望這傢伙下次來找我之前，也能先打「預防針」，我怕我會常出現白眼……

爲什麼我哭哭你覺得很好笑

孫子在享用雞塊，看起來好滿足的樣子。他還小，兩旁的臉頰胖胖的，讓人忍不住想捏。

阿嬤說：「你回去不可以跟媽媽說喔，你現在感冒還沒好，還不能吃！」

孫子：「嗯……」

阿嬤：「你想要去保母家，還是阿嬤先帶你回家？」

不知道，是不是阿嬤帶孫子出來看醫生，阿嬤的包包裡隱約看到白色的藥袋。

孫子說：「我想要跟阿嬤回家！」

他這年紀，大概三、四歲，表達算是很清楚了。大概閒來無事，阿嬤開始逗孫子。

阿嬤：「我看你這麼不乖，我還是帶你去保母家好了！」

所謂的不乖，我在旁邊看，大概就是吃得高興，雙腳亂動，踢到桌子。不過，實在不是什麼嚴重的事，沒造成什麼嚴重的傷害，阿嬤本身也沒制止。

孫子開始醞釀哭鬧：「我不要，我想要跟阿嬤回家！」

阿嬤歡喜地抱了一下孫子：「我知道啦！你喜歡阿嬤對不對？」

孫子夾著哭聲說：「對！」

阿嬤又抱了一下孫子：「好啦好啦，跟阿嬤回家！我本來就要帶你回家啊，哭什麼哭？」

阿嬤似乎很享受孫子表達對她的喜愛，至於她所引發的孫子的不安，好像沒發生一樣。反而搞得哭鬧，好像是孫子的錯一樣。

孫子繼續享用著雞塊，一樣恬靜可愛。不自覺地，腳又踢了起來。

阿嬤還是沒制止，但又開始說了同樣的話：「我看你這麼不乖，我還是帶你去保母家好了！」

然後，又是同樣的歷程，孫子說不要，說喜歡阿嬤，阿嬤很高興，說要帶孫子回家。然後，出乎我意料的是，這個過程，大概重複了三次，最後一次，孫子哭出了眼淚，阿嬤才沒再繼續。

讓我吃驚的是，這個孩子很聰慧，問了一個問題：「為什麼阿嬤在笑？」

阿嬤回答：「因為你很可愛啊！阿嬤很喜歡你啊！」

我在想，孩子心中問的，會不會是「為什麼阿嬤妳讓我哭，妳卻在笑？」

或許，是我投射了吧！

不過，我很好奇，不該吃雞塊而吃，是為了討好孫子，讓孫子喜歡自己嗎？如果阿嬤真的不喜歡孫子腳動來動去，為什麼一開始不制止、不明講呢？然後，為什麼要一直讓孫子的情緒陷入不安，來確認孫子對自己的愛呢？把自己的快樂，建築在別人的痛苦上，特別是自己喜歡的孫子，真的很開心嗎？

然後，阿嬤這樣操作，下一次孫子去保母家，會不會累積了一些負面情緒？好像去保母家是某種處罰，不乖的孩子要去的地方？

一個成熟的人，愛一個人，是希望對方幸福快樂，自己因此也感到快樂幸福。一個不成熟的人，會不斷確認對方對他的愛，才願意愛對方，這樣的關係，本身包含著綑綁與壓力，讓人愛得不輕鬆，關係也容易因為一些風吹草動，而陷入僵局。

我認識一些本身就很懂得照顧自己情緒的朋友，不管孩子是因為什麼原因開心，能因為他開心而開心，畢竟孩子的笑容就足夠療癒。自己就算不開心，也不需要逗孩子來滿足自己。至於孩子最愛的人是誰，愛不愛我們，大致上不太會干擾我們因為孩子開心而開心的過程。

原來還有人需要我

最近一位義工朋友找我聊天，他本身做義工，也帶領著義工團隊，協助非營利組織的活動。聊到為什麼他願意持續付出？

「讓我有被需要的感覺！」他用開懷大笑來回答：「所以，我也要讓人有被需要的感覺！」

他講完，我不禁讚嘆，這是多麼棒的講法。我一直有這個概念，可是找不到這麼適當的字眼。

有些人對於自己被需要，像是存在的一股動力。換個方式來說，一個家人如果感覺，這個家庭似乎不需要他，他也容易有疏離感。

我想到一個笑話。一位太太嬌羞地問先生：「你喜歡我哪一點？」先生沒有絲毫猶豫地回應：「我喜歡你離我遠一點。」我猜這位太太的疏離感，大概很常出現。

我曾經有一個朋友，是個工作狂。他一工作起來，連自己的生活都不見得好好照顧，就不用說要找時間跟女朋友約會了。他女朋友的一句話，讓他有感觸，她說：「我覺得我好像不被需要，那我為什麼還要跟你在一起?!」

如果在情愛關係裡面，「不被需要」的感覺，會跟「不被在乎」很接近。不被需要的感覺如果有一方提出來了，那表示關係破裂的警報聲響起來了，需要好好看待這個問題。

當我們需要一個人，表示我們希望對方來參與我們的工作或生活。我們對於對方的能力與重要性，有相當程度的認同與肯定。

有些男生很重視這種感覺，曾經讀到武俠小說裡，為什麼某武林高手要選嬌弱女，而不是選俠女？因為這位武林高手覺得，嬌弱女比較需要他。

回到家庭來說，當孩子出生之後，很多媽媽的重心，全部投入教養。母子之間，甚至容不下爸爸的存在。當爸爸只剩提款機的功能，無法參與孩子的教養，角色被邊緣化，那麼夫妻關係就會開始出現危機。

關係要健康，常常是在獨立與依賴之間找到平衡，即使親子也一樣。最近跟家長們談到，要很清楚地讓孩子知道，他們也有能力影響大人的心情，影響家裡的氣氛，他們也很重要、也被需要。

關係要維繫，常常是要相互依靠的。我們當然要想辦法好好照顧自己，即使對方出差、返鄉……一段時間不在我們身邊，我們也能自己好好過生活，這是愛自己的必要功夫。可是，有些事，需要兩個人一起來完成，相伴著讓對方有空間一起走，而不是想著盡可能不麻煩別人最好。

人都有心情不好的時候，連這個時候，都不想讓對方知道，只想自己處理，那就容易讓對方感覺不被信任。對方也許真的不會處理，越搞越糟，但是如果關係要長久，我們還是要讓對方知道，我們需要對方怎麼做。

不過，也常發生，對方一直學不會處理，一直有挫折感，如果還想繼續維持關係，只好我們自己學會靠自己解決的狀況。但是，開放自己，讓對方試著了解我們的步驟，最好不要跳過。

一個人覺得「還有人需要我」，會比較珍惜自己，不會輕賤自己的存在。不過，這中間也一個微妙的心理變化，當一個人覺得被需要，這種「感覺」可能很好；但是當一個人覺得自己沒有能力滿足我們的需要，這就變成了「壓力」，反而可能不利於關係。是感覺還是壓力，跟我們傳遞需要的方式，以及對方的能力與主觀詮釋有關，我們要夠敏感，才能覺察這之間的變化。

義工朋友來找我，是希望我能幫一點忙。我謝謝他給我「被需要的感覺」，他交付給我的任務，剛好在我的能力範圍，我會全力以赴，做好做滿，回應他給我的尊重。

氣他一次就是想他一次

她花了很多時間氣他，儘管當初是她提分手，沒想到竟然莫名其妙成真了。她企圖挽回，他拒絕，這下子，她便找到理由對外說，是他要分手，他怎麼這麼無情無義……過去沒辦法處理好的情緒，糾結成團，夜夜思量翻攪，便成後悔。這後悔化為文字，在她的近況，在她的部落格，聲淚控訴。

他們兩人的生活圈早就不再重疊，但她腦中始終放不下他。連跟不相干的朋友聊天，也要罵他幾句，前前後後加起來，這樣的生活過了兩年。

他早就不在了，她還一直抱著他過生活，講是講氣他，某種程度上，像是他們才剛分手，他還沒走遠。她只要鼓起勇氣往前追，他們便能復合，這兩年只是幻夢一場。

我們越是氣一個人，他對我們所造成的負面影響越大。

她覺得她還愛他，所以才會氣他。這時候，她某個部分的自己，還像在談戀愛那樣，他愛我、他不愛我、他愛我、他不愛我……她一人分飾兩角，跟自己的記憶玩曖昧遊戲。

她把放不下、不甘心，都當成愛。愛落了空，沒人回應，恨便跟著來。

還好，她還有自覺，沒有急忙忙投入下一段關係。她知道，這對下一段關係中的對方不公平，即便她答應了，看起來像在關係裡，她只是藉著下一段關係，去療癒她的上一段，她要讓對方等多久，她沒把握。

她就這樣恍恍惚惚地過生活，她也工作、也回家看望父母、也聚會聊天……像一個正常人那樣。但是她知道，她心裡嗡嗡作響的回憶，在分手之後沒有一件發生過的事能壓得住。氣他一次，就是想他一次，記憶他一次又一次，在大腦裡都凝固成了石塊。於是，想他、氣他，都變成了生活的習慣。

如果我有機會見到這女孩，我會帶著她，好好氣他、好好想他，重新喜歡他、重新走向分手。用一種新的態度，看待舊的記憶，那記憶便有機會轉化、鬆綁。

不是那種不甘不脆的回憶，想他又叫自己不要想他、喜歡他又叫自己應該要氣他……。那種狀態像是有根卡在喉嚨的刺，非常難受，不上不下的。

在回憶裡的分手，才是真正說了再見。把記憶打包起來，讓它可以收起來，也可以打開。

這個過程像參加一場告別式，哀悼那段失落，認清自己不是什麼都沒得到，認清自己其實不屬於誰也能活。認清自己一直活在記憶裡，想要偷偷摸摸地想他，又怪自己為什麼那樣不爭氣。

想他一次，就祝福他一次。他已經不在我們身邊，只在我們心裡面，成了我們自己的一部分。祝福他，等於成全我們自己，可以再有一段新關係，或者讓我們只屬於自己，自由平靜。

情緒管理保護自己

最近，我想起一位跟孩子互毆的老師，跟我訴苦的表情——雖然知道自己不對，但也滿腹委屈。為什麼師生互動會到這個局面？我其實不意外，因為我有過很特別的經驗——曾經短暫地，到偏鄉代英文課。

上課的時候，國小的孩子互相聊天，完全不想上課，只想閒扯，三字經掛嘴邊。東西在天空中飛來飛去，還會順手摸走我的隨身文具，完全沒把我這個老師放在眼裡。我的身分，只是短暫代課，也沒所謂建立關係可言，又怕趕不上進度，於是在慌亂中草草下課。

孩子們別說不聽話，別說不把我當老師，連基本對人的尊重都沒有！

我猜測，如果關係沒建立，那在這樣的班級上課，師生之間的「肢體互動」，恐怕不是奇怪的事。因為聽其他老師說起，在那裡的家庭，家長在心態上放棄孩子，幾天一次大打罵，都不是奇怪的事情。

然而，我能理解，但無法諒解。

因為孩子們的遭遇，我曾經花了不少功夫，研究幾個嚴重體罰的例子。用最簡單的說法，常常就是一時情緒失控。

我曾經在演講的時候，跟老師們報告，學習情緒管理，可以保護自己。制度逼人，社會環境艱困，讓一些老師失去了熱情，甚至因為學生的狀況，而傷了身體與心理。我曾聽某些老師提起，學校幾大天王的惡行惡狀，語氣聽起來像有深仇大恨一樣。

我在軍隊裡面，輔導有重大犯行的弟兄，最後我都不能肯定，哪一句是真話。我幫助的孩子，有些會一直來碰我上課的東西，甚至關掉我正在上課的電腦。

我當然沒老師們那麼多的教學時間，但是我的經驗告訴我，用情緒碰撞情緒，那是種角力的過程，而不是幫助人、輔導人的過程。就算在情緒角力賽中勝出，或許有小小的成就感，但長久如此，會換來身心俱疲。

沒有哪個孩子，天生就想成為讓人頭痛的壞學生。但是，當他把自己當成了「壞學生」的那一刻之前，大概是先有師長已經定義他為「壞學生」一段時間了。

在碰到對方非常頑劣、難以教化的時候，肯定他的努力，保持對他的正面期待，會比指責、矯正、處罰，還要能建立關係，還要能產生效果。困擾行為背後的成因，常常錯綜複雜，要撼動需要大費力氣。但良好行為的建立，就是一件一件慢慢累積，良好行為多了，孩子的困難就相對少了。這時候，想要根本解決困擾行為，也容易些。

從正面看人，除了建立關係，和諧人際，還能修養自己的情緒。正向情緒能鼓動動機，讓自己更容易保持熱情。

很多時候，我們沒辦法代替家長的角色，去讓孩子翻轉改變。很多時候，我們自己也得到了過多的批評指責，少了許多珍惜感謝。很多時候，制度給我們的，是壓力而不是支持。很多時候，我們也深感無奈，自己也需要被輔導、被體諒……

把界線設定好，先求保護好自己的情緒，那不是放棄，而是在我們能力所及的範圍，付出熱情。然後，我們才能預防自己，不會情緒一下子失控，而做出讓大家都遺憾的事情。

祝福您，任重道遠的老師們！

被局限的跑道

男孩伏案振筆，看起來精明伶俐。從他與爸爸的對話中，聽得出他還在中班，等一下吃完麵，就要去上一對一的加強課。

我跟小吃店老闆遞點單的時候，瞄了一眼，是注音的練習本。這本練習本，不是一般初學者，隨興塗鴉練習運筆用的，格子的大小與一個注音符號要練習的次數，已經很接近小一的程度。

我坐下來，看著這位爸爸耐心地拿著橡皮擦，幫孩子擦掉字跡比較不工整的部分，讓孩子重寫。男孩笨拙地拿著大三角鉛筆，一筆一劃地寫「ㄈ」，看爸爸擦拭的次數，猜得到，孩子的精細動作實在還沒辦法應付這種程度的練習。不過握筆的姿勢倒是很正確，可能是久經訓練。

孩子沒有不耐煩的表情，很認分地等爸爸擦完，再提筆繼續努力。或許，是孩子的個性，以及他的聰明，讓大人急著要讓他在起跑點上，加速前進吧！

麵沒多久就來了，爸爸把練習本跟鉛筆收起來，男孩開心地吃著麵，隨意地跟爸爸開玩笑。爸爸也很能接住與回應孩子的情緒，敏感度與教養技巧相當不錯，兩個人看起來很開心。

我想到「讓孩子贏在起跑點」這句老調，即使是現在，還是有很多家長抱著這樣的觀念，花大錢讓小小孩上才藝、補美語。即使沒花錢，教小小孩背唐詩、九九乘法，那也不是很奇怪。

所謂輸贏，孩子小，當然難論斷。可是，以我對兒童身心發展的了解，孩子還小，那麼健康是本，要多去跑跑跳跳，接受大自然的刺激，運動能幫助大腦成長。然後，培養孩子的觀察力，練習面對挫折，並累積成功經驗，讓孩子多探索，讓好奇心自然地帶著孩子學習。

這些完成了，有餘力，看看故事書，像遊戲一樣地，讓孩子認認字，跟大人問答，培養關係，也練習語言。玩一玩玩具，畫畫圖也很好，扮家家酒、堆一堆積木，都能刺激相關能力的發展。

最後最後，才會是不斷地背誦，還有反覆地書寫運筆。

有時候，我感覺大人的心急，本末倒置了。基本的發展還沒完成，後面要學習的東西就急著搶先。我的經驗是，剛開始的快，常常不代表什麼，反而局限了孩子的跑道，也限縮了孩子的世界。常常，也減少了孩子在童年應感受到的樂趣。從神經發展的角度來說，是讓大腦更不健康了！

我很清楚，我無力改變什麼，流傳千年的教養思考，以及現代社會的功利觀點，力量非常強大。此外，有些技藝的訓練，像是音樂、棋藝、語言……越早栽培，確實能訓練出大師或天才級的人物。不過，中途放棄者眾，只有很少數能脫穎而出，在世界上閃耀。

即使是我的朋友，坐在我面前教導中班的孩子寫注音，雖然孩子的精細動作能力還不夠成熟，我也不會多說什麼，頂多是社交性地鼓勵孩子的努力。除非，孩子的家長問我，我也許說個幾句，點到為止。我們不了解狀況的人，真的不適合隨意評斷他人的教養，即便是我也一樣，這是我的經驗。

不過，我只能期待，在我使得上力的範圍，我會告訴家長，有些屬於孩子的珍貴寶藏，我們不能因為我們是大人，就任意剝奪。當孩子不再是孩子了，那些寶藏，也很難找得回來了！

當初追我的人很多條件都比他好

「我當初就是想不開！」

這是她自己的說法。明明她先生也不是最好的那一個，偏偏選了他，結果現在才後悔。

「以為他會很體貼，沒想到也只是這樣而已。我同學的先生，都會……」

她描述別人的生活有多好有多好，她的同學像是抽到樂透一樣，嫁了很好的老公，從此不用擔心生活。她呢，則是依然要擔心家計，買東西也常要多想一下，她不喜歡這種感覺，雖然家裡的經濟算是比小康再好一點點，但她還是覺得沒有安全感。

「我知道他很努力，但是他當初承諾要給我過好的生活，他要我等他，我才選他的。我覺得，他沒做到當初的承諾……」

所以，她覺得她怪她先生，那是她先生的不對，是她先生能力不夠好，不能說她貪心，不能說她不知足。顯然，她被這樣講過，心裡不高興。

這樣就能理解，為什麼她叫她先生的時候，常常連名帶姓？為什麼她對她先生講話的語氣，像是他欠她很多錢一樣？為什麼她在外人面前數落她先生的時候，他也不敢說什麼？

是非對錯我們留給當事人判斷，但有一件事，我們外人會看得比較清晰——她因為不滿而否定她先生，那麼她也會因為否定她先生而產生更多不滿。這些不滿，堆積在關係裡，到底誰得了好處？

明眼人大致上很快就能明白，好處不知道在哪裡，壞處一堆。然後，我們還可以繼續問，她這樣抱怨孩子的爸爸，她自己跟孩子會有什麼樣的親子關係？她這樣抱怨她婆婆的兒子，會有什麼樣的婆媳關係？

這是一個聽來的說法，讓我們在紙上畫一個圓，那麼，中間就會出現一個空洞。沒有洞，哪來的圓滿？

在關係中遭遇過磨難的人，才比較知道要在關係中把握住什麼。雙方共同經歷過一些挑戰，才更懂得珍惜得來不易的堅定。

苦樂相伴，失去與得到，常不斷循環。我們不會真的只有失去，我們也沒辦法一直獲得。

如果她一直求圓滿，那種物質無憂、被呵護備至的生活。那她需要思考的，是她到底心裡有什麼空洞，一直填不完？

是小時候家窮，所以一直在心裡強化那種圓滿的形象？是成長過程中，常被重要他人灌輸這種觀念的重要性？是常常跟自己的同學姊妹相比較，覺得自己不如人，沒自信？還是自己其實已經厭倦婚姻，有了難以解決的問題？……

那麼，她要面對的，就不只是被她判定為沒有能力的先生。更精確地來說，她的許多不滿，都在告訴她，她要面對的人，大部分就是她自己。

沙特有一句話：「我們的決定，決定了我們。」

她顯然是個很願意讓自己更好的人，我猜，她如果看了這篇文章，說不定能更清楚地做出明智的決定。

關係像鏡子

她告訴我，小時候因為學習慢，嚐過被霸凌的滋味。眼看著跟自己一樣，學習、反應比較慢的女兒，也開始面對被霸凌的命運，心裡十分不捨。一邊講著，眼淚就一邊滿了出來。

有時關係像鏡子，我們在裡面，不時會看見我們自己，而不見得是對方。那麼，如果要照顧對方，就要連照顧自己也一起進行，會比較好。

怎麼照顧自己？

讓我們先回到我們「印象中」的當初，到底發生了什麼事？我們有沒有在長大之後，重新用長大後的眼光，再去檢視一遍，看看當初年紀小的時候，是不是在判斷上跟現在不同？還是我們只留下了強烈的情緒，卻對之前發生了什麼事，早已模糊？

如果我們看個仔細，每一段關係還是有點不同，即便是霸凌事件，人事時地物也不可能跟以前毫無差異。平常心很重要，失去冷靜常讓我們看不清楚，我們一不小心，就會陷入解決我們過去的傷痛，而不是女兒的困境裡面。

像是，有些人際上的挫折，我們就算怎麼保護，孩子還是免不了會遇到的。這個時候，我們可以藉由這個挫折，來幫助女兒了解自己與他人，還有學習如何保護自己。我們情緒上不夠冷靜，是沒辦法這樣幫助孩子的。

還有，女兒自己，有把這件事解釋為霸凌嗎？

因為霸凌這種事，主觀感受很重要。有時候，一句話可以是玩笑話，也可以是嘲笑，跟雙方關係的深淺與班上的風氣有很大的關係。那麼，很有可能，媽媽把這件事解釋為霸凌，就讓孩子也跟著這樣想，然後，把原本媽媽陳年的情緒，也放到了孩子的身上。

情緒不對，行為就有可能過激了。我最近就遇到，幼兒園小朋友起了口角，結果家長沒透過老師，直接跑到學校罵了另外一個孩子的例子。本來只是想保護自己，後來演變成傷人，這算不算是，家長霸凌了別人家的孩子呢？

沒照顧好自己的情緒，就難照顧到關係中的對方。像是有些家長，會責怪自己被霸凌的孩子沒還手，是一種軟弱的行為。不但二度傷害了自己的孩子，很多該教的也沒教。

我們在關係這個鏡子裡面，看到了什麼？

我們常常是幫著對方，也幫著我們自己。這點如果看清了，就千萬別把自己忘記，自己也得成長。把自己忘了，又急著想幫對方，本來是好意，後來可能搞得對方很有壓力，又解決不了問題。

過去的情緒，還是可以被釋放。那麼現在的情緒，就可以更如其所是，不被放大、不被輕忽。關係這種事，要經營到好，本來就是「你好，我也好」。

CHAPTER

4

跟新的自己手牽手

一件小事念一天

有一位朋友，他大概每一天或每兩天針對一件事，嘮嘮叨叨一直念。像這樣的事會一直換，其實常是瑣碎小事，雖然對當事人可能是大事也不一定，但是每幾天就會出現一件不同的大事，那也是不容易。

也許是擔心，也許是焦慮，也許是抱怨，也許是生氣。反正，他每天的生活就是邊念邊罵，如果把當天所說的話加總起來，說不定，五十句話裡面，硬要這樣分類，會有四十九句負面的話，只有一句是相對正面的話。

他身邊的人會提醒他，這樣做對他並不好。但是只要把話說得讓他聽得懂，他就會不高興，好像是否定他一樣。提醒他，他會不太高興地停一下下，但沒多久又開始他的叨念人生。

他算是負面思考達人，許多平凡無奇的小事，經過他的大腦一轉，就被解釋成壞事。他的情緒常常不太好，至少表現出來的口語是這樣。到底是情緒不佳，所以有負面思考，還是先有負面思考，導致情緒不佳，對他來說，應該早就混在一起，互為因果了！

不只如此，這種負面循環的因果關係，當然也出現在人際。至少，在他身邊的人，就會一直受他這種狀態影響。根據他身邊人的說法，同一件事，一天有時候會重複二十次以上，而且還會想要重複找人討論，如果不搭理他，他又要不高興了。

有時候，生活中很多問題不會有最好的答案，甚至根本不知道答案。在大部分的狀況下，講兩遍的效果，可能跟講二十遍差不多。而且，還排擠了把其他事做好的時間，說到底，就是我們常說的，如果情緒管理不好，生活的效率也容易受到影響。

然後，那種透過語言所傳遞出來的煩躁，久久不散。一個人長期泡在這種環境，要不跟著煩躁都很難。

我講得白一點，這樣的狀態如果持續不改善，未來佔領著每一天的煩惱小事，只會更多，不會更少。這是一種壓力狀態，常處在這種情況下，會壓抑免疫反應，讓自己更容易生病，也會傷害身體器官與大腦。

以這位朋友來說，很明顯地，他的注意力與記憶力越來越不好。那種加速崩壞的感覺，親近他的人分享他們的觀察：「真的會嚇一跳！」

大腦原本的老化，加上日常壓力給的傷害，是緩慢而漸進的過程。我們單純從心理的角度來看，一個人常抱著負面的小事過活，不但正面的事入不了眼，進不了心，他還會每天注意許多負面的警訊是否出現，所以，很多其他的訊息自然而然被忽略了。

所以，旁人的勸告，都被當事人當成耳邊風，這是可以預期的事。

其實，當事人如果願意把自我成長，也當成是抱著生活的小事之一，當事人就有機會慢慢擺脫這樣的生活。像是每日一感恩，或者提高自己說好話的頻率，記錄自己一天的言行，以提高自覺，這些都是不難執行的事。

我常會感覺，一些朋友讓自己身處在苦海當中，活得很累很辛苦。有時候，因為還在順境之中，或者沒遇到什麼大的負面事件，所以生活還是過得去。但是，心態如果不改，遭逢逆境，或者遇到一些真正比較大的負面事件，那可能生活就會產生困難。

自我成長，不只為了現在，更是為了將來。不只影響心理，也影響生理。

比較來的幸福

跟孩子談「笑裡藏刀」這件事，表面上的善意包含著惡意。這對孩子很難，不好理解，所以用了家長的教養舉例。像是大人講話，不喜歡直接乾脆，反而說「好啊～你去啊～」（像是去打電動、跟朋友出去玩、買一個大人不喜歡的東西……），等到孩子真的去做了，就可能遭遇打罵。

孩子們的反應，讓我鬆了一口氣，還好，大部分我們一起工作的家長都不會用這種方式跟孩子互動。用這種方式互動，不但效果不好，還弄得大家都很累，沒有人得到好處。

我有個朋友，他的媽媽就是這樣，讓他吃足了苦頭。小時候，他記得好像在浴室，可能是犯了些小錯（像是脫褲子的時候，不小心把褲子弄濕了），媽媽先是對他笑了笑，然後，趁孩子放鬆的時候，打了他一巴掌。

我看過他媽媽，個性不難相處，其實看不出會做這種事。但是，根據朋友的說法，他真的被媽媽弄得常心情不好，媽媽的情緒很大，動不動就生氣，講話反反覆覆。只要媽媽發脾氣，全家就是一定要配合地，說她對，說她辛苦了，聽她用似是而非的歪理不斷爭辯，她的氣才會消。如果不這樣做，她就開始冷戰一段時間，耳根是稍微清淨一點，但是沒有人的日子會好過，因為還是要看她的臉色過活。

她有時候笑笑地說「好」的事，其實很有可能是「不好」。她如果做了決定，結果很不好，她就開始推到別人身上，通常是家人。好像整個家，都是為了她而存在，為了要滿足與符合她的需要。

爸爸以前跟媽媽談離婚的時候，朋友很難過，但是他沒辦法決定什麼，媽媽非常強勢地要孩子留在她身邊。他難過的其中一點，是以後他可能要一個人面對媽媽了，雖然他同情媽媽，但他更同情爸爸。還好，爸爸後來因為捨不得他，打消了離婚的念頭。

朋友對我說，對外面的人，媽媽把自己說的像聖人，對人也和善。但是氣都往家裡倒，把家當她個人專屬的垃圾桶。他曾經引述媽媽的說法：「回到家才能講真心話！」

朋友說，如果各種抱怨、推諉以及反覆，就是媽媽的真心話，他寧可她說謊話。他連媽媽笑的時候，都不太能放鬆，不知道那一個巴掌（我猜，這「巴掌」代表著所有可能的負面結果），什麼時候會出現？

我跟朋友聊天，在聊的過程中，我提了一件大家都知道的事。因為我朋友念書的時間很長，而且這段時間媽媽都沒讓他打工，希望他專心就學。我問：「你猜，從小到大，生活費、學費都算進來，大概要花多少錢？」

他本來很認真地算，但是算了一段時間，發現生活費的部分，他實在算不準。我建議他，把所有的費用平均（包括生活費、學費、紅包、其他花用），一個月用兩萬來算。以朋友的狀況來說，從小到大，將近七百萬。七百萬這個數字，我的朋友能接受，應該很接近真實狀況。我跟他說，坊間我聽過的算法，是平均來說，養一個孩子要上千萬。

我問他，他知不知道，有的孩子，需要半工半讀，有的只能念到高職就要出去工作，有的父母坐牢，常進出監獄……

朋友說，他都了解。所以，有時候，他也覺得他很幸福，特別是看到流浪漢與下雨天還要辛勤工作的勞工朋友。

我個人不喜歡用比較，因為比較而來的情緒，不管是幸福或是痛苦，常常相對短暫。不過，比較可以用來相對客觀地釐清事實，這是比較的好處。

聊到最後，朋友感謝我，雖然他還是沒辦法原諒媽媽，但是他感覺好了一些些。我說，其實沒什麼好謝的，只是他忘掉了一件事，我提醒他罷了。如果他說的屬實，我也不太可能對媽媽全然接納，這不是這麼容易的事。

他人過去對我們的好，我們容易忘掉，他人現在對我們不好，我們卻不斷提醒自己。然後，連帶過去對我們不好的部分，也一直因為現在的不好成為線索，一一挑出來，重複被溫習著。

父母對我們的付出，很多都是默默地，或者覺得理所當然地，我們很容易忽略。然後在心裡，對於父母的不完美，在牛角尖鑽啊鑽，去放大、去時時提在手上。這個世界上，能夠最真心關心我們的人，大概就是父母、親人了。

這樣的想法，只能讓自己暫時感覺好一點，畢竟父母的言行依然可能會造成我們的壓力。有時候還是拉開距離，學習適當的應對方式，才有辦法減緩我們的情緒衝擊。在少數狀況下，情節過於嚴重，我們還是只能走避。像是父母的言行脫序，會打人、傷人，或做些違反法律的事，百勸不聽。

父母會傷人，有時把我們傷得很重。

跟父母相處，就是恩恩怨怨，講不完、理不清。不過，有空的時候，還是要理一理，父母對我們不只有親情，還有恩情，連同我們對父母的不開心，要一起看進去。理解、諒解、和解，最先受益的，不是父母，其實是我們自己。

你會爲我驕傲嗎

媽媽形容，兒子在以前的學校，可以說是聲名狼藉。除了個人衛生習慣不好，還會打人、罵人，同學退避三舍，老師傷透腦筋。連隔壁班的家長聽到風聲，都會告誡自己的孩子，離他遠一點。

我跟媽媽討論，他其實有穩定一小段時間了，但是既有環境的既定印象已經形成，同學之間的氣氛依然不太友善。有時候，環境的力量大於個人，形勢比人強，不如轉換環境，重新開始。

於是，開學之後，就轉到班級人數更少的學校就讀，校風質樸空間大，孩子似乎度過了適應期。最近某天，中午班級導師好像有事在忙，沒時間幫自己打飯，他默默地幫導師打好飯菜放在桌上。老師知道了，非常感動，大力地對著媽媽稱讚孩子。

這個遲來的肯定，讓媽媽紅了眼眶。其實，大家的努力不是一朝一夕，但是有時候，環境給的回饋令人洩氣。

一個人剛開始在改變的時候，除了要突破自己就有的習慣，也要抵抗環境往後拉的力量。只有很少數的人，會時時帶著正向的眼光，覺察他人的努力，並給予鼓勵。大部分的人，想作壁上觀，看人跌倒，以供取樂談笑。自己不見得努力，他人的努力也不放在眼裡。把他人講得差一點，好像自己就因此好了一點。

有時候，要跟環境對抗，只會讓自己越來越無力。為了不讓自己放棄，其實可以選擇新環境，歸零再來，換換新氣象，人會振奮一點，這時改變會變得容易一些。

媽媽告訴兒子，導師對他的稱讚。兒子說：「媽媽，你會為我感到驕傲嗎？」媽媽聽到這句話，頓時百感交集，以前承受眾人眼光的委屈都湧出來，眼睛裡面閃啊閃的。媽媽其實沒有把轉學的原因講得很清楚，只挑正面的講，像是新學校有多棒之類的話。沒想到，兒子似乎也知道，鴨子滑水一樣地，在新的環境努力著——交新朋友，想得到老師的認同，想洗刷過去想來就令人難受的時光。

兒子的心思似乎更細膩，他好像明白媽媽為他背負的種種負面情緒，又要強裝笑臉出現在他的面前。所以他所做的這一切，除了想讓自己過得更好，至少有一大部分，是想讓媽媽高興，讓媽媽卸下心頭懸掛已久的大石頭。

跟我一起工作的孩子們、家長們，不但常要面對外界的責難，更是逃不過自己內心的自責。他們的前進，有時候像蝸牛一樣，爬了好久好久，只看到一點點變化，很需要環境的友善對待。

最後引用張文亮教授的這首詩，想給正在努力的孩子與家長們鼓勵。也謝謝一路上幫助孩子與家長們的貴人，因為有您們，所以我們更有希望。

上帝給我一個任務，叫我牽一隻蝸牛去散步。
我不能走得太快，蝸牛已經盡力爬了，
每次總是往前挪那麼一點點。
我催牠，我唬牠，我責備牠，
蝸牛用抱歉的眼光看著我，
彷彿說：「人家已經盡力了！」
我拉牠，我扯牠，我甚至想踢牠，
蝸牛受了傷，流著汗，喘著氣，往前爬……
眞奇怪，爲什麼上帝叫我牽一隻蝸牛去散步？
「上帝啊！爲什麼？」
天上一片安靜。
「唉！也許上帝抓蝸牛去了！」
好吧！鬆手吧！反正上帝都不管了，我還管什麼？
任蝸牛往前爬，我在後面生悶氣。
咦！我聞到花香，原來這邊有個花園。

我感到微風吹來，原來夜裡的風這麼溫柔。
慢著！我聽到鳥叫，我聽到蟲鳴，
我看到滿天的星斗多亮麗。
咦！以前怎麼沒有這些體會？
我忽然想起來，莫非是我弄錯了！
原來是上帝叫蝸牛牽我去散步。

張文亮

我太認真抱爸爸了

在學校門口，一位爸爸來接女兒放學。女兒一見爸爸，就撲了上去，爸爸熱情地回抱。幼兒園老師對孩子說了一些話，孩子沒回應。

爸爸告訴女兒：「老師跟妳講話，妳怎麼沒回答？」

爸爸把女兒放到地上，女兒仰望著老師：「老師對不起，我剛剛太認真抱爸爸了，所以沒聽清楚，老師妳要跟我講什麼?!」

爸爸跟老師都笑了，連我這個路人甲，都感受到那種濃濃地溫馨。親師寒喧完，爸爸牽著女兒蹦蹦跳跳地走了，遠遠聽到女兒問：「爸爸，今天回去要玩什麼？」

真是不容易，一個爸爸做到這種程度，這孩子也許每天都期待回家。看到爸爸就像看到大玩具，一個移動的安全感充電器。

這不是只有孩子受益，爸爸作為一個爸爸，那種充實與滿足，那種被依賴與被需要，我想，這世界上很難有什麼樣的快樂能夠比擬。這種快樂很深沉，這個爸爸為了這種感受，願意付出的努力與奮鬥，女兒大概一輩子也很難想像。

可是，演講的時候，現場的朋友問過我：「父母愛孩子，如果放不了手，該怎麼辦？」

這位朋友的意思，我想會比較接近，在心理層次，怎麼讓自己的愛，不變成孩子的負擔？

我當時的回答，大致上是父母要有自己的寄託，自己的興趣與投注。滿足自己的方式多，不局限於一方，就比較不會被唯一的對象牽制而走不開。

時間到了，孩子也得離開父母，就像父母也要離開孩子，重新定義自己。身為父母，很常忘掉，自己除了是父母，也是一個獨立的人，也要獨立於孩子生活。

以婚姻關係來說，當孩子離家之後，空巢期出現，是離婚的另一個高峰。因為在沒有孩子作為緩衝的狀況下，父母不知道如何面對彼此，要重新適應，這是原因之一。

父母沒準備好當老人，沒認認真真地學習經營一個沒有工作、沒有教養的生活。那麼，就容易「黏」孩子，要依賴孩子來解決自己的死亡焦慮。

這父女的背影，真是美好的風景。他們此刻的美好，要經過學習，才能持續地久一點。

很可惜，此刻的美好，不代表這一生都能美好。能記住這一段相依相伴的溫暖，留一點記錄，譬如文字與照片，只感受、不執著，懂得珍惜，也能放手。那麼，這段美好，就更瀟灑與自在。

那，愛與不愛，都曾有過幸福。

是不是我做錯了什麼

我在遊樂場看到一幕，某個大孩子推了小朋友一把。這個大孩子一直動手動腳的，還莫名其妙去抓別人的肚子，不是只有這個小朋友受害，大孩子的家長在一旁也不制止。然後，這個小朋友跑到家長休息區，對著滑手機的爸爸說：「爸爸，×××推我！」

爸爸略略抬起頭，說了一句：「是不是因為你自己不乖?!」又默默地低頭滑手機。小朋友語塞，無可奈何地走了。

看得出來，家長不想處理，也許是正在透過手機處理更重要的事務。不過，這是個傳統教養中的經典句型，遇到孩子來告狀或抱怨，先說孩子不乖、不聽話，再看看接下來要怎麼做，或者就乾脆當作沒這回事。

「不乖」、「不聽話」，對某些家長來說，是很好用的兩句話。小到夫妻吵架，大到下雨不能出去玩，都可能是孩子不乖、不聽話。錯怪、亂怪，把很多事的責任都推到孩子身上，所有努力的方向，就是要放大孩子的錯，然後強調因為孩子犯的錯所遭遇的種種處罰，最後希望孩子聽話。

我最近跟朋友們聊到他們生活中的重大挫折，普遍都會有「是不是我做錯了什麼」，這樣的想法。然而，遇到重大挫折之後接下來的變化，我粗略分為兩個方向：

第一，是反躬自省後，實在不知道哪裡做錯。然而，雖有負面情緒，但仍能邁開腳步，能修復、彌補，就盡可能去做；無法挽救，則試著調整心情，找到新的方向再出發。

第二，是停留在自責的自我對話中，充滿懊悔，前進不得，又沒辦法後退。在這種狀態下，要走出來，就會花上許多時間。至少某些朋友，清楚地提到，很有可能是內化了父母的不斷指責，所導致的沒自信，嚴重一點的，甚至會莫名其妙有罪惡感，即使不見得自己真的犯了什麼大錯。

所以，搞清楚自己做了什麼，是要繼續生活的第一步。第二步，承擔自己該承擔的責任，或者，明白自己實在沒做錯什麼也可以。第三步，做出努力，比沉溺在情緒裡面，更有用。

如果那位爸爸有看我的文章，我想跟那位爸爸分享。如果有時間，孩子反應自己被推的時候，可以先付出最基本的關心，「有沒有怎麼樣？會痛嗎？有撞到東西嗎？」

然後，問問孩子事情發生的經過。很多事不見得能搞清楚，但是至少先聽完孩子的說法，理解在他的內心世界，發生了什麼事。如果狀況允許，最好是前去求證，或者詢問旁人。

很多時候，沒有重大的傷害發生，我們也可以選擇先安撫孩子，把這件事放心裡。然後，以在遊樂場的情境來說，可以主動陪著孩子去玩，讓孩子有安全感，把視線離開手機。如果事後再有時間，跟孩子討論，下次遇到這件事可以怎麼處理？什麼樣的人最好離他遠一點，要如何觀察？

上述的過程，也許沒辦法全都做得到，但怎麼樣都比還沒搞清楚事情，就指責孩子得好。這讓我想到有些讓被霸凌的孩子聽到最痛苦的話，就是大人不見得弄清楚發生什麼事，就反問：「你要想想，為什麼是你被霸凌，不是別人被霸凌？是不是你有什麼地方做得不好？要多檢討自己！」

為了讓自己更好，我們需要自省與修正。可是，我們每個人，只能承擔操之在己的部分，很多事跟他人有關，很多事就是隨機或運氣，我們沒辦法把所有的錯都承擔下來。

所以，原諒自己是很重要的一門功課，那些種種不知道哪裡來的怪罪，在心底糾纏苦苦不放過自己的聲音，如果不放開來，生活很難過。一個人過得很痛苦，通常是旁邊的人會一起受罪，而不是因此找到了幸福。

原來我讓自己變得很貧窮

「我們以為貧窮就是飢餓、衣不蔽體和沒有房屋；然而最大的貧窮卻是不被需要、沒有愛和不被關心。」——德蕾莎修女

她說，如果不是信了宗教，她到現在還是心靈匱乏的人。是她讓自己變得貧窮，還好她現在覺醒了。

她是以前公立托兒所的老師，唸的就是幼保相關科系。她喜歡小孩，所以想以帶小孩為職業。她很快就知道自己錯了，她是喜歡「玩」小孩，不是真的喜歡帶小孩。她發現自己對孩子，非常沒有耐心，可是又不知道還想做什麼職業，而且在公家單位福利又好，家人都勸她不要離職，只好硬著頭皮繼續做下去。

她說，是後來自己當高齡產婦，生下有情緒障礙的孩子之後，她才知道自己錯了。她對待小孩的方式，完全沒辦法用在自己的兒子身上。這剛開始讓她覺得很丟臉，特別是孩子還沒去看過醫生的時候，她自己當老師的，連自己的孩子都帶不好，被其他老師嫌她的孩子難

帶。她這才從家長的身分，體會到自己以前所做的事，有多麼不應該。

她說，以前她看我的文章，是根本看不下去的。談什麼尊重孩子？鼓勵與肯定能建立好行為，教養就是傳達愛？根本就只是紙上談兵，她甚至懷疑寫這種文章的人，一定沒有帶過小孩。

她說，以前在托兒所，最常做的事，就是罵孩子跟處罰孩子，基本上就是一直對孩子發脾氣。而且新進同事管不住孩子，她還會分享她的經驗。什麼鼓勵與肯定、什麼培養群性同時發展獨特性，這些冠冕堂皇的話，大部分都是講給家長聽的，這些她很會講。

可是，家長只要一離開，沒多久就開罵了，她已經習慣用吼的，大小事都吼，有時候還會接近尖叫，她下班常覺得喉嚨不舒服。但是家長來接的時候，又要變得輕聲細語，眼神充滿溫柔的光輝，這些表面工夫，她已經很有經驗了。

她說，以前就是覺得，在公家機關工作，就是求個退休，不要出事就好。所以她有很多種處罰方式，讓孩子怕，孩子怕了，就乖了。

她不是沒有鼓勵孩子，但是罵跟處罰比較快，她是不敢用打的，怕孩子回去跟家長講，怕孩子身上有傷痕。可是，她回想過去，在很沒有耐心的時候，她會用很大力的肢體動作拉扯小朋友，甚至還會推孩子，推到孩子差一點跌倒，但又不至於受傷的狀況。孩子怕她，事情就好辦。她說，這還要練習與經驗，不是很容易的事。

她在很煩的時候，會固定找幾個家裡比較弱勢的孩子來開刀，殺雞儆猴。她知道自己很不應該，這是她心底的秘密，可是在當時，真的很有效。

她說，有的同事很有愛心，但是班上就會比較吵。她最受不了班上吵，一吵她就火大，她當時還覺得有愛心的同事很會裝。而且，說實在話，即使是她私底下好像沒有愛心，還是會有孩子喜歡她，畢竟是孩子嘛，也知道討好大人求生存。在家長面前給孩子幾句稱讚，孩子就可以開心起來了，很容易忘掉之前發生什麼事。

她覺得，就所有的老師來說，幼教老師是工作最累、最雜，但薪水最低、最不被尊重的一群。動不動就要輪值加班，她有一陣子覺得很不公平，更無心在工作。所以，她曾經有一段時間，整個心思都在研究股票、基金上面，想要讓自己多賺一點錢。

她很自豪，就算是金融海嘯那陣子，她也沒賠到。但是現在回想起來，殺進殺出的，根本沒賺多少。不過，卻是大大犧牲掉她在工作上的耐心。

等到自己的兒子出生，剛開始請育嬰假的時候還好，覺得日子還算過得輕鬆。後來等孩子大了，可以上幼幼班，她再回到職場，就發現一切都不對了。

她發現自己的體力變差，脾氣變得更不好，越來越無法忍受小朋友的哭鬧，偶爾還會跟同事發生口角。不只是工作，她在家裡，她的那一套，不但沒辦法用在自己兒子身上，還造成她兒子會有長期間哭泣、退縮、咬指甲、不想上學、做惡夢，甚至傷害自己的現象，連她先生都怪她。

直到看了醫生，醫生診斷孩子在社交情緒方面發展遲緩，然後，又是鼓勵媽媽要有耐心，常擁抱跟陪伴孩子。她才慢慢體悟到，自以為帶孩子很有經驗的她，其實只是「管」孩子，管著他們平安上學、放學而已，根本沒跟孩子們培養多深厚的關係。

在最苦悶的時候，她接受宗教的幫助，她禱告與參加聚會。漸漸地，她更明白，自己面對家長，跟面對孩子時的不一致，讓她有罪惡感，而且她的互動裡面沒有愛。她以前也一直覺得家長很難搞，當然其中有一部分是家長的要求非常不合理，但另一部分，是她覺得自己沒有同理心。

還好，後來有個機會，她能轉做行政。雖然薪水少一點，但她覺得比較安心，至少不需要偽裝自己是個很有愛心的老師，也不用那麼累。

現在她能感覺到，她被兒子需要、被愛，她也願意付出更多關心，給孩子與家人。她也能有耐心地陪著兒子，很少罵他，更覺得沒必要處罰他了。

她願意一切重新來過，做個心靈富足的人。

愛不等於喜歡

她討厭她媽媽，這點我非常清楚，從她講到她媽媽的時候，那種滿出來的厭惡，就看得出來。根據她對媽媽的描述，她媽媽喜歡說三道四、講大道理，喜歡干涉孩子、講話反反覆覆，興之所至就說點小謊、做點壞事，被抓包了，就哭哭鬧鬧地為自己辯護……

她是越講越沒力，偶爾氣憤地握緊拳頭，隨之又突然意志消沉，面露無奈。媽媽雖然不是大奸大惡之輩，但是跟她相處就是不太舒服。說穿了，她也清楚，這就是一個普通媽媽的樣子，沒有經過美化的媽媽，真實在許多人家裡出現的媽媽。

別說媽媽這個角色，很多爸爸也是這樣。撇開為人父母的角色，其實很多尋常人也是如此。慈祥溫柔這幾個字不是沒在媽媽身上出現過，只是比例太少，媽媽就是個一般人，只是冠上了「媽媽」這個詞，多了幾分光環加持，內裡還是黑、白、灰交雜的模樣。

她不否認媽媽愛她，從小照顧她、保護她、教導她。但她同時也知道，只要媽媽對她不滿，媽媽就會到處數落她的不是。只要她有一點點對媽媽不禮貌，即便媽媽怎麼不合理在先，她就會被描述成大逆不道之人，媽媽則會對自己做過的事避而不談，或者輕輕帶過。

還好，她已經有能力養活自己了。當她上班工作，領到第一份薪水的時候，她心裡的歡呼聲此起彼落。一方面當然是自己有獨立的能力，她在社會上佔了一個小小角色，另一方面是，她的媽媽再也沒辦法用金錢控制她，她為此欣喜若狂。

這二十幾年來，她很常幻想有個固定的工作，領到第一份薪水的那一刻。她終於不需要看媽媽的臉色，她可以自在地做自己，雖然，媽媽打電話來的時候，她還是要忍受媽媽企圖控制她的言語。她感覺得出來，媽媽很高興，女兒可以自立，但媽媽同時很擔心，女兒因此揚帆遠去。她似乎覺得，媽媽因為無法繼續控制她，而感覺有些失落，講起話來，常覺得女兒不聽話，就生氣。

很有趣的是說，我在臨床上碰到跟家長相處很痛苦的孩子，特別孩子的邏輯與思維比家長清楚理性的時候。我會使用這樣的負面情緒，反過來激勵孩子，如果因此更努力上進，才有脫離家長掌控的一天。

趁父母還未年老，自己還年輕，多享受一些個人能自在探索自己與世界的時光。沉澱一些情緒，重新用公平的眼光看看自己討厭的父母，重新掂一掂自己對父母的愛有多重。也許，有機會再重新對父母，自在地表達愛。

愛一個人，不見得會喜歡他。因為愛有很多種，愛也很複雜，不管家人傷我們如何重，我們在心裡總是有個位置給他。

說白了，父母愛孩子，也不見得會喜歡孩子。媽媽在產後憂鬱嚴重的時候，甚至會親手結束自己孩子的生命。有些媽媽對孩子很不耐煩，孩子生出來之後，就急急忙找別人帶自己的孩子。有些家長做父母的心理建設不足，或者婚姻關係本來就很脆弱，孩子一出生，就吸引了配偶大部分的注意力，自己莫名的失落管不住，就對孩子產生了敵意。

她有一度，因為討厭自己的媽媽，而深感罪惡。經過了十多年的心靈探索，她終於明白，她可以討厭自己的媽媽，但同時愛她。她的自我釋放，我同感喜悅。希望這段文字，能幫助到正在困境中掙扎的朋友，走出自設的牢籠，更接納自己，理解所愛的人。

建築在別人身上的夢想

她的夢想，是有個美滿的家。她挑了一個好的對象，很快貸款買了房子，一切好像很快就實現了。

可是，孩子出生之後，她發現她的理想圖像變了顏色。因為照顧孩子的工作，全都落在她的身上。而在她最需要先生的時候，先生還是像沒孩子前一樣，加班工作，沒辦法替她分擔。

她過著像怨婦般的生活好幾年，溝通、吵架，已經不知道循環幾次了，吵到最後一股氣就是悶著，平常像是休眠火山一樣。一旦媽媽們聚在一起，講到類似的話題，她就會火山爆發，抱怨到停不下來。她發現連自己當天回到家，都沒辦法跟先生好好講一句話。

她有時候會怪自己傻，天真地像個小女孩的模樣，懷抱著粉紅色的不切實際的夢。與其說她滿腔對先生不滿，有一大部分是對自己失望，對自己那個眼看失落的夢有著滿滿的遺憾。

我們不能說，一個人有夢是錯的。她的夢，當然有很大一部分源自於原生家庭，另一部分則源自於電視劇中對美滿家庭的刻畫。這也是她在一次一次經歷憤怒與失望，向內探索之後，得到的答案。

我們的夢想，常投射著我們的需要。健康的人就會有需要，知道自己需要什麼很重要。不知道自己的需要，不容易跟自己和好，也許因此怪自己、對自己失望。簡單來說，她想過個比較輕鬆、穩定的生活，能持續擁有愛情、感受親情，又不放棄工作中的成就感。

說實在話，如果有人能在婚前跟她好好談談，她就會知道，她的夢實在不簡單。這些如果都要全部擁有，機率不高，特別是她先生本來就是很努力的人，這也是她欣賞的特質。她如果先有適當的心理準備，夢想中的標準如果能降低一點，生活反而比較好過。只不過，很少人願意這樣煞風景，當這隻把人喚醒的烏鴉。

另外有一點值得討論的是，她的夢，要靠別人配合來完成，等於是要以對方做為一部分的地基，蓋出自己期待的大樓。通常，如果雙方沒有談出一定的共識，沒有足夠的人生經驗對未來模擬想像，那麼地基會不穩，大樓也可能倒塌。

可是，年輕人怎麼會知道，生養孩子，不是想像中那麼簡單的事。有時候，我跟年輕人討論，他們的思考很單純，「沒有準備好當父母，就不要生小孩！」

走過這一段人生的朋友們就知道，常常是生了小孩之後，才開始手忙腳亂地準備。而且，很多當祖父母的人也會說，當初真的不知道怎麼當父母，就更不用講，什麼叫做準備好了，說不定從來沒有準備好的一天?!

夢想帶給我們希望，不過，夢想不見得能在這輩子實現，所以難免讓人失望。然而，一個人到最後能在心理上達到一個平衡的狀態，是能接受現狀，但又不放棄夢想，在兩者之間協調妥當。

我們常能從自己的夢想中學習了解自己，放棄夢想，就喪失了一些活力與創造力。夢想儘管天馬行空，也不見得可行，但它的美麗不是因此就失去了價值。

我認識一位老先生，過世之前，依然有著夢想，儘管來日無多，他沒有自我設限。他的心態安然，夢想若能由他實現也很好，如果最後不成，那也學個經驗。不過，當他試過，留下一些紀錄與軌跡，或許，能有後人拾起，繼續他未完成的夢。

這就是夢想的美妙，讓人期待著醒來的每一天。

移動的安全城堡

朋友是一個爸爸，孩子還小，他出門總是大包小包。一個雙肩後背包大得嚇人，手上還隨機提些手提袋。

我問他，裡面裝了什麼。他打開給我看，我印象中，有濕紙巾、面紙、外套、水、雨傘、筆、手機、孩子的襪子（有些親子遊戲區需要），朋友說，有時候還會帶孩子的備用衣物、貼紙簿或練習簿，解無聊兼練頭腦。

有時候看要去的目的地，要帶相關的卡、護照，卡還分集點卡、VIP卡。有時候還有優惠券，或者要預先下載在手機裡面。有些地方需要孩子的身分證明文件，像健保卡或戶口名簿。

我聽得都暈了，他還說，孩子比較小的時候，還要準備孩子可以吃的水果、餅乾，怕臨時外食不方便。就別說更小的時候，奶粉、尿布這些更占空間的必需品。

天氣冷的時候，要帶的孩子的外套可能有厚薄不同的兩件。水也要進化成能保溫的保溫瓶，最好順便有兒童口罩、手套、暖暖包。

對我來說，這就是多啦A夢的概念。大雄的多啦A夢，不但神通廣大，還要提供陪伴與安全感。在各個空間移動要使用的任意門，就是朋友的休旅車，搭配小黃與大眾交通工具，帶著孩子上山下海。

所以這位朋友隨身攜帶的東西，除了有形的生理照顧之外，還有隨時陪孩子瘋的體力，以及安撫孩子情緒的精神力。不只如此，那種照顧孩子的知識準備，隨時要拿來跟孩子互動的教養技巧，也得隨時ready好。

我在想，把這些都裝備在身上，那要多少時間的準備啊?!朋友說，他為了孩子的到來，準備了非常多的時間。他沒告訴我細節，但似乎在很久很久以前，他就非常注意跟孩子有關的事物，也有實際帶孩子的經驗。

我笑著說，他這不是準備要讓一般爸爸羞愧的嗎？

他的回答讓我驚訝，坦白到讓我驚訝，深沉到讓我驚訝。他說，他越是跟孩子相處，就越討厭職場當中，那種虛偽與你爭我奪的環境。所以，賺錢不是他的強項，他越來越不想要為了錢，犧牲跟孩子相處的時間。所以，他或許目前是一個孩子喜歡的爸爸，卻不是老闆喜歡的員工，甚至不是太太滿意的老公。

他賺的錢僅供溫飽，將來會迫於現實，比較嚴格地控制全家的花費。小時候他所提供的陪伴，孩子長大之後，物慾跟著膨脹，他不見得能滿足。孩子將來的補習與進修花費，他能提供的非常有限，就更別說出國留學，那都要靠孩子努力。

所以，他正在追求的，能追求的，就是當下。就算他這個移動的安全城堡，建設得多麼堅固，在未來，孩子也可能選擇在城堡外生活，到時候他也得尊重。

他覺得，當父母是一時的。孩子的每個階段，當父母的人，需要提供的協助不太一樣，他不覺得，自己在孩子每個階段，都會有稱職的表現。而且，人是一種容易不滿足的動

物，自己已經有的，不見得會珍惜，到時候孩子懂不懂得感恩珍惜，都是未知數。

所以，他隨時準備好，要離開爸爸這個角色，回歸自己。

他不只是爸爸，還是老父母的兒子，也是員工，也是老公，也是朋友的朋友……也是自己的朋友。是自己的朋友這件事，他沒忘，有時候孩子在玩，沒要他陪，甚至不要他陪，他就會眼神看著孩子，心回到自己身上。

我問他，心回到自己身上，是什麼意思？

他說，心不能離自己太遠。時時要問自己，現在的生活是不是自己想要的？現在緊握的，什麼時候需要放掉？除了想自己在關係裡面，有沒有做到自己該做、想做的事之外，有沒有把時間留在自己身上，照顧自己的情緒，找時間做自己喜歡的事？……

然後，規劃好時間，去做自己期待要做的事。然後承認，自己能做到的事有限，把未來會有的遺憾，先在現在看清楚一點。

我覺得，他像哲學家。我對人的了解過於淺薄，常以自己習慣的角度認識一個人，如果今天不是這個朋友，願意信任且深談，我不會知道，他有這樣的厚度。

先會做人、做自己，才會做爸爸。這樣，心才不會離開自己身上，不會盲目迷惘。感謝這位朋友，我領受了！

愛孩子勝過自己

一位朋友分享自己的心情：「我是那種愛孩子勝過於自己的人！」

這句話讓我警覺，跟朋友開始就背後的價值觀與情感開始討論。類似的話，不是只有這位朋友談到，在傳統的角色中，女性是被要求要愛家勝於自己的人，也就是「犧牲」。為家庭犧牲，在以前幾乎被定義成是女性的天職，如果做到這樣的設定，在道德上這樣的女性被認為是偉大的。

換言之，女性要依附家庭，才有其價值，三從四德的古訓中其實就看得出來。所以女性的自我，其實在傳統上被壓抑了很久。

可是，就現代來說，時空有了很大的變化。女性就業的人數與男性差不多，教育水平也差不多，活動範圍不再限於家庭，經濟的獨立也帶來心理的獨立。也因為離婚率高，單親媽媽的家庭也很普遍，更是要母兼父職。

所以，女性的角色在現代社會更是複雜，也是提供資源的重要來源。那麼，當女性成為家庭中唯一或唯二的支柱時，支柱穩定，家庭才不會輕易動搖。用非常簡單的例子來說，媽媽如果沒有照顧好自己的身體，一旦生病，不只會影響自己一個人，影響整個家庭的程度也比以往來得大。

那麼，媽媽花時間照顧自己，跟花時間照顧孩子或家庭，就變得同等重要，甚至更重要。再用具體的例子來說，以家庭預算的分配上，除了必要的支出，如生活費、學雜費、保險儲蓄、交通……之外，其他剩下來的餘額，也許是每個家庭成員大致平均使用，或父母因規劃整體家庭需要而占較多比例也理所當然。

我遇到的狀況，是有媽媽把大部分的錢都花在孩子身上，寧可節省自己，這也有重新考量的必要。如果讓孩子養成一種觀念是，覺得自己就是要用最多、最好的，其他人只能用較少、次等的，都要配合他的需要與決定，那對孩子將來成家立業反而不見得有利。

怎麼把自己照顧好，是要學習的。這一點，對孩子來說，也是身教。將來他們也要學著我們的榜樣，把自己照顧好。

所以，愛孩子是我們的目的之一，但愛自己是手段。就是透過愛自己，來愛孩子，是有優先順序的。

然而，反過來說，我確實看過不少媽媽的成長路，是因為愛孩子，才學會愛自己。因為原生家庭有時候會讓我們覺得，我們不可愛，不值得被愛，以前的教養風格也偏向否定很少肯定。可是，生下孩子之後，因為我們的生理設定，會有大部分的媽媽對孩子有相當強烈的正向情感。所以，愛孩子勝過自己的現象，說來也不奇怪。

透過孩子，我們會在心理上再成長一遍。尤其在我們更有能力之後，過去的遺憾可以靠自己來彌補，於是，愛自己的歷程便開始了。

愛自己始於認識自我，了解自己的需要，學會表達與溝通。所以，當我們先愛自己，再愛孩子，我們便不希望孩子來傷害我們，當然我們更是不會傷害孩子。

譬如，我們對孩子不打不罵，那孩子也不能用打罵的方式對我們，這是互相尊重。遇到我們跟孩子的喜好相衝突，可以輪流，可以商量，求得平衡，而不是完全以誰為主。

所以愛自己、愛孩子，是要找到一個平衡。如果愛自己變成了自私，也就是不斷壓迫對方的需要，那麼，通常關係不會太好，最後自己也不會好。

果真能做到愛自己，情緒常保平靜，狀態較為穩定，在教養上，就比較能堅持自己訂下的規矩。一般的大人，往往在生氣的時候處罰孩子，有可能罰得比預期地重；在高興的時候，又讓孩子得到過多的獎賞。

我們的教養，是依據道理，而不是依據大人的心情。如果教養依心情，那很有可能破壞我們自己說出口的規矩，給我們自己打臉。

一個愛自己的人，會吃好、睡好，有良好且健康的生活習慣。然後會對自己說鼓勵打氣的話，用行動來解決問題，或者調整心情，而不是一直責怪自己，讓自己陷在罪惡感裡，讓問題繼續惡化。

通常，一個值得我們學習的人，是愛自己，而不是討厭自己的人。那麼，我們希望孩子從我們身上學到什麼呢？我們的決定，決定了我們，也影響了孩子的未來！

跟新的自己手牽手

她跟我聊了幾次，像連續劇一樣，把跟媽媽之間的不愉快一點一點講出來，看得出對她的艱難。這次，應該算是完結篇了。

她年幼爸爸就生病過世，醫藥費造成家庭欠下一些款項，媽媽就把她留給外婆照顧，自己去國外工作，再把錢寄回家。扣掉還款，其實每個月的生活費很拮据，所以她整個成長過程，沒過過好日子。

等她自己能賺錢了，才知道什麼叫做出去玩。那時，也許是積勞成疾，媽媽也生病離開這個世界。她這輩子跟媽媽最親近的時候，就是那段在病榻旁照顧媽媽的日子，不過，處得並不好。所以，雙方就在遺憾中說再見，她成了孤兒，這感覺相當惶恐、迷惘。

可想而知，這一段過去，她實在不太敢碰，因為太痛。她也不敢結婚，因為沒把握給孩子一個穩定的家。可是跟男朋友的感情走到現在，已經相當穩定，一方面也好像到了人生的轉折點，二方面常有種感覺，覺得是不是該要面對了？

在跟她聊的時候，情緒像驚濤駭浪。因為憤怒，不是一天的憤怒；痛苦，不是一天的痛苦。難怪她不敢碰，連我都有點嚇到了，怕她會不會做出什麼衝動的事？

她提到，媽媽很少跟她見到面，最有印象的時間就是過年。可是，她媽媽常當著她的面跟親戚講，她「很難教」、「很笨」……私底下跟媽媽相處，媽媽也沒有多少溫情，常感覺媽媽很累、心情不好。

她覺得，自己已經夠可憐了，沒有了爸爸，又好像沒媽媽一樣。外婆還比較像媽媽，可是外婆身體也沒多好，她覺得自己自從懂事之後，反而是她在照顧外婆。

她問我，為什麼媽媽這樣對她？

我只能就一般傳統教養的方式跟她分析，我說，以前沒有爸爸媽媽陪在旁邊的孩子，大部分人都會怕孩子變壞，所以認為要用比較嚴格的方式來管教。傳統上，又有那種罵自己的小孩給別人看的文化，表示自己有在教小孩，也是一種謙虛的表現。

她又問我，她媽媽為什麼生病的時候，又要百般挑剔她的工作？

我還是照一般的狀況猜測，傳統對子女表達關心的方式，有時會用負面的方式表達。語氣上，大致上會出現否定、批評，或者「我這樣講是為妳好」的調調。然後，傳統的父母對子女會有一些期待，通常比較狹隘，包括：什麼樣的工作才是好工作、到了該結婚的年紀就要結婚、男生女生各該要有什麼樣子……不符他們的預期就是不好的。

她很激動，還雙手握拳，她的眼神有一瞬間，我猜，好像把我當成她媽那樣對話。她說，那她這麼多事都不符合她媽媽的期待，是不是該去死一死，這就是她媽媽想要的嗎？

我等她情緒稍微緩和一點，我告訴她，我猜她媽媽真正想要的，大概是希望她唯一的女兒不要也像她自己這麼命苦，有個穩定的工作、有個美滿的家庭……

她聽到這段，哭到不能自己。整理這一段關係，對她來說真的太辛苦了。她媽媽已經不在了，但是她在心裡深處，一直想要跟她媽媽對話。

過去的，就過去了嗎？發生過的事，就不可改變了嗎？

不一定，當我們用新的觀點去看待、詮釋，所謂的過去，就會出現新的樣貌。換句話來說，過去，是要尋找、發現的。

我跟她最後所描繪清楚的是，她媽媽是一個苦命的人，沒享過多少福，唯一能做到的，就是讓她女兒跟她自己活下來，還清欠款。所以，她實在沒餘力在心理上再多給她女兒什麼，只能抓緊時間叨叨唸唸地，希望她女兒活得好，希望她這個做媽的，還有機會盡到最後一點責任。說不定，她過世的時候，滿懷歉疚?!

她發現她已經認定的媽媽，原來可以有其他面貌。她發現，原來過去的她，不像她自己以為的那樣悲慘，她的心情釋放、輕鬆很多。只留下一種不捨的感覺，好像跟新的自己手牽手那樣，希望能好好保重自己，希望讓自己幸福。

她突然有一種新的想法，是不是能夠走入婚姻，完成她媽媽的期待？我請她先別急，情緒才剛整理好，想清楚再說。

她說，她這個瘋瘋癲癲的樣子，還好沒出現在男朋友面前，怕他承受不了。她說，果然專業人員就是不一樣，如果她是我，表情不會那麼平靜……

我笑笑的，沒說什麼。心裡想：我根本就是被嚇呆了！

她繼續說，她有一個朋友，比她更慘。情緒來的時候，比她還激烈，希望我也跟她朋友聊一聊……

我心裡想：其實我最近心臟不太好，很容易被嚇到，我也想要找心理師聊一聊！

讓感覺跟上來

以前只要他問我，心情不好該怎麼辦，我都會告訴他，別熬夜看ＤＶＤ，寧可去睡覺。可是，他就是改不過來，他很喜歡看影片，那種全神投入的感覺，那是他從高中到現在的樂趣，對他來說幾乎可以說是一種人生寄託。

他覺得，如果不是看影片，他大概已經做很多傻事了，這我同意。找自己喜歡做的事，確實是一種情緒管理中，轉移注意力的方式。看影片，已經是相對來說，健康的嗜好了。

可是，主要是頻率的問題，一部片動輒幾個小時，又要搭配零食飲料。他又希望不受打擾，所以都要等孩子睡了之後，自己再慢慢看，享受自己的獨處時光。他太太要一起看也可以，但通常太晚，他太太也去睡了。

期待的新片出來也看，心情不好也看，感覺無聊也看，所以長期睡眠不足。我跟他說，長期剝奪睡眠，不是只會影響到身體健康，會感覺疲倦，而是注意力、記憶也會變差，心情更不好，工作效率降低，壓力更大。

這些他不是不知道，而是做不到。但是壓力一來，他只想看ＤＶＤ，看完吃完，倒在床上很好睡，也不會胡思亂想。他寧可累到睡倒，也不想徹夜難眠。不過，起床那一刻，非常痛苦就是了。

他的壓力，主要是跟直屬主管的關係不好。他的直屬主管，很喜歡叫他當救火隊，有急事就叫他辦，他手上的事也不見得比其他同事少，蠟燭多頭燒，又煩又累，抗議多次無效。他有一種感覺，因為他各方面的專業能力比主管強，所以主管也藉這個機會，想逼走他，如果逼不走，逼他把工作成果交出來也不錯。

其他部門的主管倒是很欣賞他，所以他懷抱著有機會向上發展的期待，不敢隨意離職。偶爾事情沒做到主管的預期，開會被挖苦，他就想回家看影片。

這一次比較特別的是，除了一樣感覺很累、壓力大之外，體重已經跨越超重的標準，好像還覺得有點身體不適。最近聽到某同事疑似過勞死的傳聞，真的嚇到了，他知道如果看影片的習慣不改，沒辦法調整好自己的壓力，大概很難從根本去改善自己的身體狀況。

我說，這是「該做」與「想做」之間的落差。他之所以有壓力就想看影片，那是長期養成的習慣，自然身心有個慣性，感覺有壓力就很想執行這個動作。

很多朋友常說，知道道理，但不知道怎麼做。或者，其實知道該怎麼做，但是不想做，覺得很難。那個關鍵第一步，真的很重要。

先看清楚我們的慣性，試著打斷這個慣性，慢下來，多爭取一點時間，讓理性跟慣性對話一下。然後，讓理性有機會展開新的嘗試，建立新的慣性。

像是講到跟情緒或關係有關的困境，培養運動習慣，或者寫心情日記都可以算是很好的第一步。大部分人都知道，可是並不想做。這時候，漸進式地做、一點一點地做，別好高騖遠。

剛開始做該做的事，會不太有感覺，或者感覺厭惡。如果我們是漸進式地做，做對我們自己好的事，那麼，感覺會自己跟上來。

像是，在關係中，講好話、溫和而堅定地表達自己的感受，常是改善關係很重要的動作。不是我們做不到，更不是不知道，比較是因為我們不想做，沒有耐心。先試試看，一點一點做，讓感覺跟上來，先讓自己自在再說。能成習慣，接下來就等著時間去累積出一些看得見的改變。

他這個人有個好處，怕死，所以這次改變的動力很強。除了去做健康檢查之外，開始改變習慣，像是避開會走到影音出租店的路線，即使當時沒睡意，晚上時間到了，就先試著躺躺看。我告訴他，自己偶爾破戒的時候，把自己當小孩子，不用罵他、氣他，繼續按照計畫執行就好，這樣比較不會因為自我挫敗而放棄。我還建議他，一段時間能做到不看影片，就選擇白天去看電影，做為自我鼓勵。

他說，很奇妙，在床上躺一躺，發現自己其實也睡得著，原來精神亢奮，身體其實是想睡覺的。還有，沒看影片那種心癢癢的感覺，其實睡飽之後，也沒那麼難受。原來，感覺真的是會跟上來的。

後來，他還把我對他的建議，用在教養上。原來，做錯事，不需要一定得氣小孩、罵小孩，帶著孩子一起解決問題，或者適當彌補就好，還是照著原先計畫執行。孩子把事情做對之後，就好好鼓勵他，一起出去走走。

身體好了，親子關係也跟著好了。看主管還是覺得討厭，但比較能忍受了。

我說，其實我很感謝他。我的建議其實很簡單，也不難執行，但願意做的朋友不多。大部分人只喜歡口頭說，但是把自己照顧好的動作，要去執行才有用。他讓我再次了解，不是道理沒有用，只是剛開始啟動的那個突破慣性的動作，大部分人有困難而已。

從「想做」到「該做」，是先把該做的事做了，感覺會自己跟上來的，我們要給時間，耐心等候。

替她難受

我的心靈成長班，常會要求成員盡可能試著「分享」，而不是「建議」。建議的主詞用「你」開頭，句型常有「你應該怎麼怎麼做」、「你這樣不好，要怎麼怎麼樣」……有時建議會隱含批評與否定，也會給對方壓力。

我也給建議，但通常互動的時間不夠，對方又希望很快有些方向可以依循。或者當時沒什麼互動的機會，互動比較單向。

然而，像心靈成長班，通常時間比較充足，又可以持續一來一往地對談，那麼分享是一個可以練習的互動方式。分享常以「我」開頭，句型常有「如果是我，我會怎麼怎麼做」、「我聽完了你的故事，我有什麼樣的感受」……除了比較不會讓他人感覺到壓力，也能把經驗拉回到自己身上，重新整理自己的想法與情緒，達到心靈成長的目的。

可是，有一位朋友，常忍不住想「建議」，有時候她有意識到自己的傾向，有時候沒有。事後她會告訴我，她覺得不好意思，她「偶爾會忍不住，因為真的很替××難受！」

當下可以討論的時間也不多，我沒多說什麼。可是，這件事我一直記在心裡，想花一些時間跟她說明。

「替別人難受」，嚴格來說，應該改成「聽了別人的故事，我很難受」。主詞是「我」，而不是對方，因為對方說不定早就已經不難受了，或根本是其他心情。那麼，因為我難受，所以我想做些什麼讓自己不難受，像是講一些話，能自我分心、宣洩一點情緒，或者是要對方改變，對方如果改了，故事有好的結果，我就有機會不那麼難受。

專心傾聽對方，被對方的情緒牽動，這很自然。只要自己的情緒別擺盪得太大，通常會被視為一種關心、同理的表現。

然而，當我們被對方的故事引發了情緒，我們開始控制不住自己，或者想要給對方壓力，這就要注意。我們如果自覺有這樣的現象，就要把這個狀態拿來好好學習、自我了解一番。

是不是我們有類似的經歷，平常沒去面對它，也許是不知道怎麼面對它，但一被引發，就想要把它再次壓下？或者是想要藉這個機會，釋放它、舒緩它、矯正它？

我們在我們的人生中，每一次面對挑戰，都好像往地上鋪貼了一塊踏腳石，有個厚實的基礎，讓我們踩著一塊一塊的踏腳石，走出了我們的人生路。可是，如果不面對，我們就難以前進，或者弄得腳上泥濘，難受想清洗。

可是，有些人自己不想面對，卻想要由他人產生改變，產生好像代替自己面對的效果，想藉此來寬解自己的情緒，然後我們自己又不需要負起失敗的責任。我們自己不面對，卻一直要別人面對，所以我們偷偷換了主詞，講是講別人難受，事實上是自己難受。

自己的難受不面對，看到別人，常會覺得別人難受，或者放大別人的難受。有些人進一步，就會希望對方產生行動，對方不行動我們還會生氣。這種狀況，在親子身上、情人之間，實在不是普通常見。

我沒有比較厲害，我只是角色比較超脫，遠遠觀看著朋友心裡的能量移轉、流動。不在其中，又不置身事外，無所住，可得自在。

我們面對自己的事情與心情，也可以學習這樣的超脫。對於自己不想面對，或者想藉著別人面對而面對的狀態，就能夠比較清晰、了然，像俯瞰迷宮那樣，相對於身在其中，更容易找到出口。

我也會因為別人的難受而難受，但如果這難受，勾引出我沒注意到的內在習題，我會拿來好好成長，磨練自己。難受不可怕，它可以帶著我們走入內心。

在內心裡把馬步紮穩了，外面的風景轉動，本心就有機會如如不動。

一個人經過不同程度的鍛鍊，
就獲得不同程度的修養、不同程度的效益。
好比香料，搗得愈碎，磨得愈細，香得愈濃烈。
我們曾如此渴望命運的波瀾，
到最後才發現：
人生最曼妙的風景，竟是內心的淡定與從容……
我們曾如此期盼外界的認可，到最後才知道：
世界是自己的，與他人毫無關係。

——楊絳《一百歲感言》

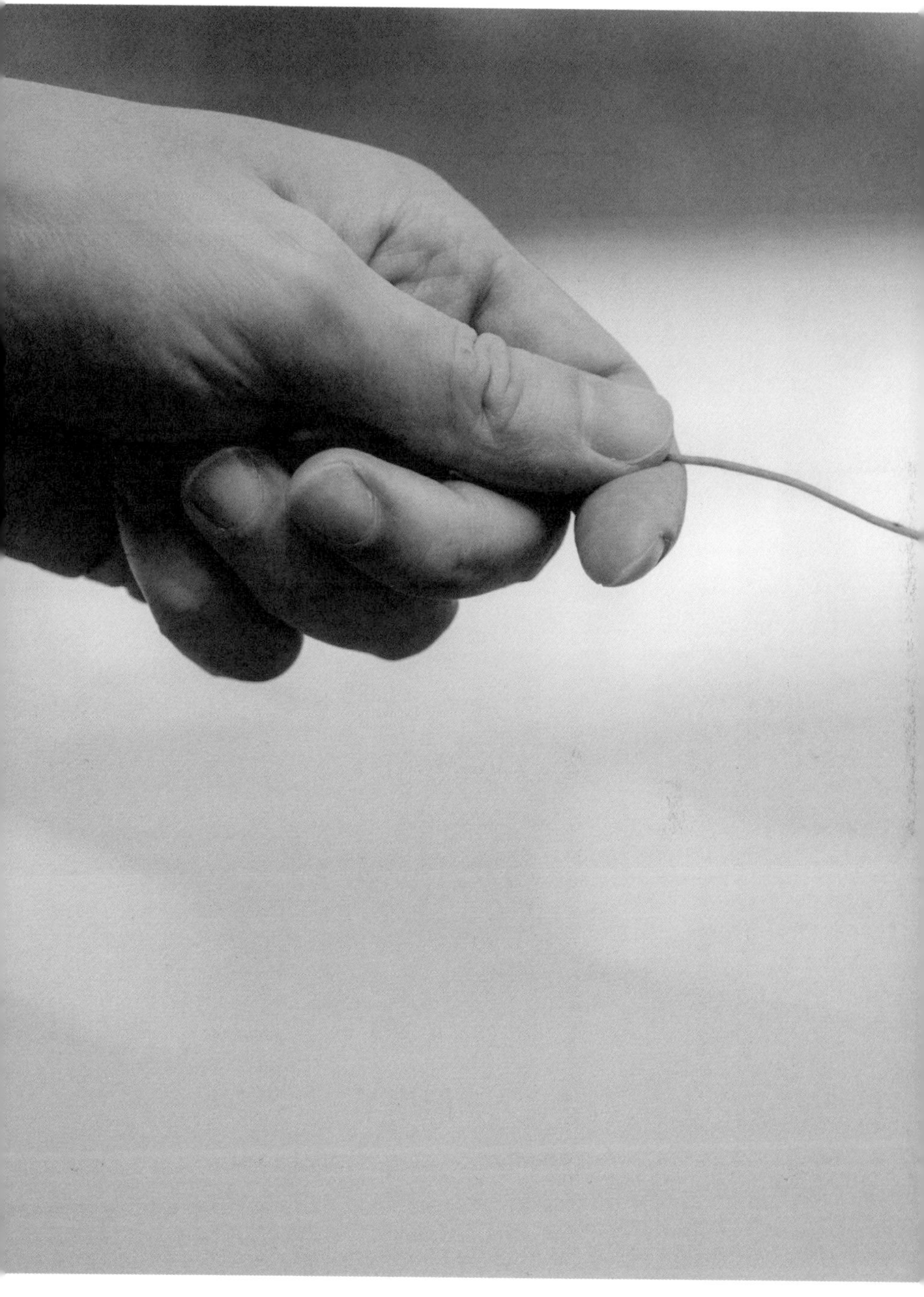

管教與關懷

「如果你不管教你的孩子們，那你是不愛他們。愛孩子們的父母，小心地糾正，並從小引導他們。父母愛孩子的方式，就是在孩子們還沒引起嚴重問題的時候，就給予足夠的關懷來糾正不良好的行為。」

"If you don't discipline your children, you don't love them. Parents who love their children carefully correct and guide them from an early age—they show their love by caring enough to correct bad behavior before it can cause serious trouble."

(Randy Reed Paraphrased Version~Proverbs 13:24)

以上這段，是我自己從英文翻成中文，如果跟經典不同，非常抱歉，因為我查不到整段通用的中譯。這個版本，好像有經過修改，跟其他版本似乎不同。然而，我喜歡這一段的講法，特別是把管教（discipline）跟關懷（caring）放在一起。

我最近跟一位朋友談到，我很少直接對孩子說「不要」、「不行」。因為我花很多時間陪孩子，所以我可以柔柔地，用關懷的語氣，跟孩子討論事情。

「你如果自己跑到馬路上，會怎麼樣？……對，有可能被車子撞到……所以要等爸爸，爸爸可以保護你……喔，你也想保護爸爸，那好啊，你跟我一起走，你就可以保護我了……謝謝你要保護我……」

這是我跟孩子的互動，慢慢的、溫溫的、感恩的、玩耍的、沒那麼正經的……很多事在發生以前，我們就進行討論；很多事在發生以後，我們也進行討論。我知道，一般的父母，如果花在孩子身上的時間不夠，自己的情緒也沒控制好，就容易常用命令句，「不要……」、「不行……」就容易出口，然後，常有爭執，然後，雙方的情緒就慢慢加溫。

對我來說，當我在意孩子，花時間陪伴、關心孩子，我就是同時在管教他。我給孩子的空間很大，我也常跟孩子胡鬧玩耍，但是我常跟孩子討論行為與行為的後果，以避免孩子讓自己受到傷害。畢竟，我之所以管教孩子，是因為我關心他。

我知道我不見得很會帶孩子，我也知道我對孩子的影響力最大的時候，就是大概青少年以前，甚至更早，所以我現在花了更多時間陪孩子，比一般家長多。只要跟孩子在一起，我就盡可能專心陪他。所以，聊天談話的時間多，但是我並沒有像一般父母很熱中教導孩子認知，孩子雖然很會講話，但不見得能背誦很多知識。我只是要他，跟我在一起的時候，感到快樂，然後我們一起用活活潑潑的動機，去探索這個世界上的事物。

我不是基督徒，目前也沒有信仰任何宗教，但我尊重所有正面教化人心的智慧。管教與關懷的關係，這段經典把我想說的話，寫得明明白白，又讓我有更深一層的學習。各位朋友，讓我們一同努力。

小黑來了

他跟我聊過幾次，開始學了點俏皮：「這次『小黑』，沒待多久，我還叫它多留一下！」

之前，我跟他分享我自己面對痛風的方式。我告訴他，我會對痛風的紅腫部位說：「你好，你又來了，這次你要教我什麼？」

然後，我也會跟我的身體說話：「不好意思，讓你受苦了，最近睡不夠，時間控制不好，我會改進！」

他這個人也不掩飾，覺得我是神經病，在跟他講一些五四三的。我進一步跟他說明，不只是痛風的症狀，很多負面的情緒來，我都跟它們當好朋友，人家來者是客，要好好對待。

既然是「客」，就不是「我」，那就不用入戲太深，不需要用所有的力氣去痛，不用把所有精力花在負面情緒上。不過，態度上，不是除之而後快，是要好好照顧這些身心感受，這種態度，如果熟練，那麼，面對讓我們煩憂掛心的人事物，我們也都這樣好好對待，那就容易大事化小，小事化無。

他根本就覺得我在玩文字遊戲，然後覺得我最好去找另一個心理師看看。可是，又覺得我態度不像在開玩笑，尤其對人對己，求和諧、求成長的想法有點打動他，所以他也跟我一起玩遊戲。

我開始問：「你的低潮，我們先幫它取個名字！」

他用莫名其妙的眼神看著我：「叫『小黑』好了！」

「那，它沒來找你的時候，你看到你兒子會怎麼樣？」

「通常就是把兒子抱起來，丟高高，親親他……」

「那，當它來找你的時候，你看到你兒子會怎麼樣？」

「通常就容易覺得自己累，怕自己對兒子發脾氣，不敢接近他……」

我跟他一言一語地接著談，把它的樣貌，摸得透徹。把它來所造成的影響，人際的、生理的、想法的……全都討論一遍。

然後，它什麼情況下會來，什麼情況下會走，我們也談了個大概。這次，「小黑」算是第二次來了。

「它跟我說，叫我去泡一下溫泉，要對它好一點！」

「這好，跟它講，美人湯不錯！」

這樣對話，講起來就顯得多一些輕鬆。人際關係與自我關係，一貫的道理，人前人後，真誠一致。找到了「我」的位置，「我」便有機會跟「小黑」保持一點距離，那是找到了核心，核心穩，一時搖搖擺擺，不會有大礙。

金樹人教授有一段話，跟「小黑」

有關：「在黑暗中，我們帶不走黑暗；在情緒中，我們帶不走情緒。只要我們『看到』情緒，情緒就有可能產生質變。當情緒是情緒，我是我的時候，就能拉開觀看的角度。」

最近，如果各位朋友的「小黑」來作客，泡溫泉不錯。有時候「小黑」想要流流汗，去跑一跑也很讚。祝福各位朋友，也祝福各位朋友的「小黑」，順心自在！

老逞強

老媽媽年歲大了，真正讓孩子感覺到不對了，是媽媽的菜，味道變了。當然，老媽媽的外表日漸衰老，在視覺上很明顯，可是，代表鄉愁的味道走調，也許是老媽媽的感官功能開始退化，讓孩子猛然驚覺，是不是該回家鄉，好好陪媽媽，走完人生的最後一程?!

老人家愛逞強，公務員退休，在她年輕的時候，是女強人，很多親戚的事常是由她來調停。又因為爸爸很早就臥病在床，所以身兼父職，一肩扛起家務生計。還好上天照顧，老媽媽的身體一向強健，但是老來骨質疏鬆還有尿失禁的問題，讓孩子非常擔心。

尤其是尿失禁，看得出來，讓老媽媽非常困窘，因為她不想包成人尿褲。所以，家裡面就會有一些味道。周末假日孩子回家看媽媽的時候，委婉勸誡，老媽媽覺得自己還沒那麼老，不要孩子管，也不許孩子再講這個話題。

孩子有時候覺得，老了就是要認老，覺得老媽媽比小孩還任性，自己的身體自己都不照顧，還一直寄保健食品給他。其實，旁觀者都能理解，對老媽媽來說，要承認自己的衰老與脆弱，是一件多麼難過的關卡，尤其，她已經習慣強者的角色這麼多年了。

或許，是老媽媽不希望自己成為孩子的負擔，在心態上，一直強撐著。最近孩子回鄉，又發現老媽媽因為天冷頭痛，出門不遠就堅持不戴帽子，血管收縮，躺在沙發上休養。又閒不下來，稍好一點，就又起來忙東忙西。孩子擔心變成生氣，跟老媽媽起了口角，老媽媽趕孩子回家，孩子負氣返家，在路上又後悔又無奈。

我自己的經驗是，有時候，陪伴老人家，真的比陪伴小孩難。有時候，老人家的脾氣一拗起來，比小孩還要難處理。很多朋友，常詢問的問題，是跟自己的老父母，或者公婆如何相處的問題。

嘴要甜、EQ要好，講來簡單，但是很多人就是做不到。功力深一點的，還會軟軟地盧，找老人家信任的人跟他說話，透過宗教來影響老人家，這些，也是難以強求。

而且多年的習慣很難改，老人家又面對不少老、病、死的壓力，老人家越是走不出去，他的思考就越沒有彈性。不只如此，人老了，大腦退化，很多胡思亂想就跑出來了，情緒更是管不住，面對自己的父母，有時候又不能完全把他們的話當真，又不能都不當真，實在難為。

成年子女在面對自己的老父母，特別有情緒，許多回憶都湧上心頭，今昔交錯。說實在話，親子是這輩子牽扯最深的關係，本來就不是很容易。吵架口角，雙方都會後悔，在所難免。

這方面，面對很多問題，我從來都給不出什麼好答案。我也是戲中人，一邊看戲，一邊演戲。只是，是不是本來就沒有容易的答案？是不是，我們想像中的大和解戲碼，儘管動人，卻不一定在我們身上發生？會不會，我們如何避免，就是難免會有遺憾？會不會，人老了，身心機能退化，有些事我們擋不了，我們只能做到夠好，沒辦法做到最好？

我只能試著同理各位，其實，我也需要被同理。各位同路的朋友，祝福您，我們相互勉勵！

你跟這個角色之間有什麼感覺

朋友跟我分享他看「瑯琊榜」的感想，其中，他說他看男主角胡歌上節目的時候，被主持人問了一句話，大概是：「你用梅長蘇這個角色活了一段時間，你跟這個角色之間有什麼感覺？」

哇，我聽到了這段話，相當有感觸。之後朋友其他的分享，都好像左耳進右耳出一樣。

我們的角色，不管是公開的，或者私底下的，都並不完全是我們決定的，常受到環境脈絡的影響，還有天生氣質的左右。

譬如說，有一位媽媽，平常在同事面前，常像一個淘氣的小女孩那樣。但是在孩子面前，不知道為什麼，就是要擺出媽媽的架子，對孩子又打又罵。

我們怎麼表現自己，常跟對手有關。我們的心情起伏，常受到那段時間，身邊所發生的大小事的影響。我們並不能掌控所有的自己，於是，現實與自我之間，或者自我與角色之間，便有了一段距離。

那麼，簡化來說，假設我們扮演了一個角色，我們也有一個真實的自我，這兩者之間，到底有什麼關係？真我透過一個角色生活，那會有什麼感覺？

黛比．福特有一段話：「對於最令你悔恨的經驗，你必須原諒自己。對於苛求自己、為自己定罪、自己曾經犯下的錯、心裡不情願卻仍然答應別人的請求、任憑別人踐踏你的原則、嫉妒別人、好與人競爭、羨慕別人、在需要直言時卻保持沉默，你必須原諒做出這些事的自己。而原諒自己的唯一方法，是疼惜自己，而不是試圖彌補過去鑄下的錯。你必須尊重一個事實，那就是不論你面臨什麼情況，你內在的小孩需要你的關注，不是選擇性的關注，而是要時時刻刻把她放在心上。」

她嘗試把「我」分成兩個，然後來探討自己跟自己的關係，這段話實在很有說服力。有兩個我，便方便啟動自我對話，才有認清與修復的歷程產生。

我用我的身體與角色，活了很久，除了有些不請自來的病痛，大致上都是感恩，讓我有機會能在這個世界上體驗與感受。大致上，我目前扮演的角色，能貼近真實的我，讓我輕鬆自在。

各位朋友，您跟您的角色，生活了一段時間，您有什麼感覺？別忘記，您的角色幫助您適應與面對這個社會，怎麼樣都值得一聲感謝。

我沒感覺

我針對他提的問題，問了他幾次，他有什麼感覺？

我猜，他真實的感覺，就是覺得我很煩，從表情很明顯看得出來。他回答我：「我沒感覺！」

在關係裡面，就是要談心情，連自己跟對方的心情都搞不清楚，基本上也搞不太清楚關係。然後，就像他的處理方式，壓抑自己的情緒，問題擱到一旁不管，最後問題惡化到無解，才想挽回。

根據他的說法，沒有感覺，其實問題也沒什麼大不了。那麼，衝突哪裡來的？都是對方無理取鬧嗎？

他心裡是真的這樣想，對方無理取鬧，讓他覺得很煩。

「對啊！你會覺得煩，怎麼是沒感覺？」

這是為什麼我要問好幾次的原因，因為通常來問我問題的人，不會真的沒感覺，只是暫時講不出來而已。尤其是男生，傳統男性的形象，就是要不輕易地表露情緒，因為表露情緒被視為一種軟弱。

我說：「要練習找到自己的感覺，很多溝通，找不到感覺，就沒辦法繼續！」

他顯然對我抱著一種期待，期待「快又有效」。或者是幾句話讓他醒悟，從此改變人生。沒想到，我竟然從基礎的感覺開始談起，讓他相當不耐。

「洗手會覺得清涼，吃飯會覺得滿足，睡飽會覺得有精神……這些感覺有嗎？」

不知道他是因為煩躁所以講反話，還是真的是如此。簡單來說，根據他的回應，他是食不知味、睡不安寢。

「做那些沒生產力的事，要有什麼感覺？」

這怎麼會是沒有感覺？這就是沒有活在此時此刻的感覺。現代人生活繁忙，凡事匆匆走過，感覺變得模糊，關係難以深刻，腦中繞著各種憂愁煩惱，這種感覺很多人都有。

不過，顯然他對我的問句，很沒感覺。果然，之後對話不了了之，從此再也沒見過面，我感謝他最初對我的信任。

鼓勵我們的人，常是送了我們一份禮物。其他的人，則通常幫我們上了一課。

沒關係，感覺勉強不來。想要感覺來，生活要先慢下來。

慢下來，意識可以清明且放鬆，然後，讓這種狀態進入生活。光是這樣，就可以暫時緩解麻木過日子的症狀。

開水龍頭洗手，知道這是許多人付出的結果，所換來的方便，便驅趕了一些心裡的冷漠。想著吃下食物會讓我們獲得營養，所以細嚼慢嚥，讓我們健康。睡前沉澱一下大腦，感恩一天活動的勞累，培養睡意，讓我們得以安眠。

過生活也可以專注，少一點心不在焉。自己過得好了，關係更有機會改善。

通常我們是因為某些感覺，進入了關係。通常半年、一年，最初的新鮮感會漸漸消退，然後開始會有異樣感，感覺卡卡的，這時正是開始學習的機會。學著傾聽、學著尊重，學著做對方的好朋友。如果角色成功轉換了，便能感覺親和，便有安全感，關係的生命可以更長久一點。

但是如果有異樣感也不管，那就會開始累積對對方的不滿，累積過量了，關係就會面臨考驗。所以沒有感覺，或者是沒有用心去感覺，那麼關係開始轉折了也沒發現。

常不想面對自己的感覺，通常最後發生的事，會讓我們很有感覺。

14

爲什麼要照顧好自己

當我們狀況好的時候，
回憶常會變成甜的；
當我們狀況不好的時候，
回憶常會變成苦的。

當我們快樂的時候，
我們常會尋找新奇有趣的事物；
當我們焦慮的時候，
我們常會注意身邊
有沒有危險的事發生；

當我們痛苦的時候，
我們常只聽見哀傷的歌。

難怪人家說，
照顧好自己，
是成就美好世界的第一步；
讓家人幸福的方法，
是先讓自己幸福。

當她醒來的時候

她個性認真，用一句話形容她的生活，就是「很忙」。因為她很認真、很忙，所以在每個階段，都獲得了一定的成功，也讓她可以暫時不去想原生家庭裡的烏煙瘴氣，關係裡的挫折。

生孩子之前，她就存好了一筆夠用的錢，按照計畫，她當了全職媽媽。她常在想未來的事，一步一步計畫好，然後逐步落實。她是個停不下來的人，她常覺得廿四小時不夠用，她常要同時做好幾件事，才覺得不浪費時間。

老大、老二，都差不多按照她預想的時間生出來了，不過，她發現她的體力與腦力，或許是因為生小孩，也可能是年紀大了，有下降的現象。但是，自從家裡裝了wifi，她更是不放過空檔時間，邊做家事就會邊聽廣播，即使上廁所，也會滑一滑平板。

差不多是在那個時候，看到了我的臉書，也差不多在那個時候，她發現跟老大的關係，已經緊張到讓她無法接受。因為老大的個性很散，跟她自己的個性完全相反，她才發現，原來有些事情，不是認真努力，就能搞定。

也因為這樣，我們才有機會見面，有了幾次相隔甚久的互動。我給她的建議很簡單，就是做心情日記，然後在面對孩子的時候，先深呼吸幾次，然後柔柔地看著孩子，不急著做處理，想清楚了才行動。

說實話，大部分我給的建議，尤其像是寫心情日記或者做紀錄這種事，會確實執行的人不多。她的個性本來就認真，一個禮拜兩次，一次約半個小時的量，其實也不是太難的事。

我們第一次與最後一次見面的時間，差不多隔了一年。這一年，她一邊寫，一邊看我的臉書，她想了很多。

她說，她發現她有很多時間花在做計畫。做計畫很好，這讓她工作的時候有條有理，可是，她必須想到很多種可能性，才能確保事件的發展落在她的預期之內，光是這樣就會浪費她很多時間，而且很多計畫的內容根本沒有發生。

她現在關注的焦點在關係，關係的重點在當下，而不是她常投注精力的未來。她發現，她常想像未來會發生什麼事，這讓她因此衍生許多相關的情緒，可是，她發現常是自己嚇自己。

尤其她以前的座右銘之一，就是「做最壞的打算，做最好的準備」。那個最壞的打算，常讓她想到就心情不好，可是，發生的機會真的不高，她是莫名其妙賠了自己的情緒進去。

寫心情日記，這對她來說不難。但是先深呼吸，不急著處理孩子的問題，還要柔柔地看著孩子，她發現，剛開始真的有困難。可是，她越做越發現，在深呼吸的時候，好像時間瞬間停止了，焦躁的情緒有機會中斷，她突然清醒了。

她發現，她以前那種很忙的生活方式，那種不吸收資訊好像就會焦慮的生活方式，像是一句成語形容的那樣──「渾渾噩噩」。她想到，這種生活態度的養成，最剛開始，就是為了不去面對原生家庭裡的事，沒想到這樣的態度，竟然讓她有不錯的學業表現，更讓她覺得這樣的態度沒錯。

我要她柔柔地看著孩子，就是要面對，回到當下來面對，別再逃到未來與想像。她越想越清醒，也藉著我在臉書上的提醒，開始注意她的其他關係，把她以前忽略掉的事，想要看個明白、看個清晰。

她也開始體會到我所說的「靜心」，那種內在寂止的狀態。孩子的哭鬧與語言，她聽進去的時候，好像變得比較遙遠，也變得比較沒那麼困擾她。她也開始懂得等待，等孩子的情緒自行變化──孩子的情緒會爆衝，很快到達頂點，但還是會下降，然後稍稍平息。原來靜得下來等，這段時間沒有真的很長，差不多就是廿分鐘。

孩子有情緒的時候，她不像先前妄加情緒在上，讓孩子先理清自己的情緒。然後，情緒消退之後安撫，效果比孩子正在情緒當中，好上很多倍。

她覺得自己醒過來之後，她也比較不會因為自己的體力不濟，而影響她自己的情緒。她懂得照顧這種感受，給自己適當地休息，而不是忽視它。那些本來被填滿的空檔，其實也不見得真得幫到她的生活，她現在把空檔全部收回來，讓大腦休息，讓身體休息。

修行在個人，但我不是她的師父，只是一位朋友。她做到的，比我能預期得多，那是她個人的收穫，不是我真的做了什麼，我自己清楚。

那麼，她能做到的，其他朋友可不可以？我猜也行，可以試試。

獨處時找得到家嗎

有時候是夜深，有時候是早起，當我把該安頓的都安頓了，或者該準備的都暫時準備好了，我會抓個五到二十分鐘不等的空檔，坐下來，好好喝杯茶，眼睛或睜或閉。我很享受這時的獨處，讓我有回到家的感覺。

這個時間，會想到今天一整天發生的事，或者會想到即將面對的事。不管是喜歡的或不喜歡的，高興的或不高興的，我都不投入太多情緒，就是讓事情在腦海中浮現，一件又一件……

在二〇一五年初，我出了一本書《找一條回家的路》，明明不算隔太久，但偶爾想到，卻感覺好像是很久很久以前的事了。裡面的文章，要有一定的人生經驗，要體會過一些糾結在家庭裡的情感，才說得上能產生共鳴，或者因此抓住重點地批判。

有一個學生說想了解心理學，可不可以買這本書，我建議他，不如先看普通心理學更好。這本書裡面的練習，更是不容易，所以我還為此開了心靈成長班，跟一些朋友們好好就著練習，去翻轉我們的思考，慢慢鬆開沾黏已久的情緒。

找一條回家的路，不是真的在找什麼地方，是在找一種跟自己和好的感覺，一種獨處也能安然的感覺。通常我們要找的家，是在自己心裡面找，不是到外面找。

有一位朋友，他跟我分享，每次回到家，常要花很多時間聽爸爸媽媽講話。爸爸講話像訓話，不時要提到當爸爸的辛苦，期待他懂得感恩。媽媽講話像把他當姊妹淘一樣，常常是抱怨，再加上一些媽媽自己都做不太到的大道理、人生體會，期待他的認同與肯定。

不管是聽爸爸或媽媽講話，他都感覺自己像個垃圾桶一樣，他們都想把情緒丟出來給他接。至於他的情緒，爸媽不是不關心，只是非常表面，幾句話就帶過，談話大部分還是聚焦在爸爸媽媽他們各自的身上。所以他回家常感覺很煩躁，他說，最近只有跟我講話可以感覺平靜一點，或許，是我當了他的垃圾桶，終於有人能比較接得住他的情緒。不過，我沒辦法常陪他說話，希望他跟我說再見之後，也能找得到自己的家，享受那種回到家的安然與自在。

有的父母真的不會關心孩子，不是沒那個心，而是不知道該怎麼做。有的父母，不管是擔心還是關心，一律用罵的、用念的，導致孩子的感覺更糟，乾脆選擇性地報喜不報憂，或者根本都不說。

有的年輕人形容，當爸媽試圖用罵的、用念的，來當作安慰或勉勵的時候，那種感覺，像「跌倒了，還被人從背後開一槍」。要彌補這樣的缺憾，只有自己力量夠強大了，當了自己的父母，才有機會真正慢慢劃下句點。

當父母很難，不是什麼氣質的孩子生出來，父母就知道要怎麼應對。有些父母一直沒辦法進入狀況，因為他們連怎麼扮演好自己，可能都搞不知道該怎麼辦。

有一位年輕人問我：「為什麼我不能有一個正常的家庭？」

我回答他：「在我的工作領域，所謂『不正常』的家庭才是常態。或許，正常只是一種過度的美化，最後造成了令人困擾的刻板印象吧！」

理想家庭也許存在，但畢竟是少數，經過了渲染與不斷重複宣傳，變成了每個人心理的渴望。這渴望經過了現實這一關，變成失望，我們不知道自己的心，才是歸向，所以有家歸不得，感覺漂泊無根，空虛、無方向。

然後，我們可能沒有注意到，當父母不會扮演父母，或許子女也不懂得扮演子女。怨懟常是雙向的，沒有站在另一頭看，我們只看到了不滿與無奈。

我喜歡我內心的家，我也把和各位朋友互動的網路版面視為我的家。謝謝各位朋友給這個家溫暖，讓我們偶爾來逛逛，能感覺像回到家。

我想傾聽你

懂得傾聽，學會不過度涉入，
讓我們用更自在的陪伴豐富彼此

作　　者　洪仲清
主　　編　蔡曉玲
行銷主任　高芸珮
美術設計　Joseph
攝　　影　太陽的情書影像 LLFTS Photography
梳化造型　陳菲菲

發行人　王榮文
出版發行　遠流出版事業股份有限公司
地址　臺北市南昌路2段81號6樓
客服電話　02-2392-6899
傳真　02-2392-6658
郵撥　0189456-1
著作權顧問　蕭雄淋律師

2016年3月 1 日　初版一刷
2017年5月17日　初版九刷
定價　新台幣300元（如有缺頁或破損，請寄回更換）

ISBN　978-957-32-7781-1
遠流博識網　http://www.ylib.com
E-mail: ylib@ylib.com

國家圖書館出版品預行編目 (CIP) 資料

我想傾聽你 / 洪仲清著 . -- 初版 . -- 臺北市 :
遠流 ,2016.03　面；　公分 .
-- (洪仲清作品館 ; 4)
ISBN 978-957-32-7781-1(平裝)
1. 溝通 2. 傾聽 3. 人際關係
177.1　　　　105000854
